Feature articles

Tiny Dolls 타이니 돌 ······ 02

- Betsy McCall 벳시 맥콜 ······ 06
- Doran Doran 도란도란 ······ 18
- Yako Petite Doll 야코 푸치 돌 ······ 30
- Mogol Animal 모루 애니멀 ······ 38

- '사랑에 일요일은 없어' by caolu ······ 51
- 'Ever Ever After' by Ribo ······ 56
- '드림 종이 인형' by 미즈노 준코 ······ 60
- 'momolita의 세계여행' by 모모리타 ······ 62
- 'Dolly Pattern Workshop' ······ 91
- NEW DOLLS ······ 107

Dollybird

돌리버드 _Tiny Dolls

Contents

돌피 드림 Dollfie Dream×
〈동화 나라의 Dollfie Dream〉 ······ 72
momoko×〈바느질 소녀〉 ······ 85

Report
PLAY Room & Cherry ······ 68
엑스☆큐트 10주년 기념 ······ 100
momoko 쇼핑 대작전 ······ 104

Tiny Dolls

Doll Size Data

키 / 가슴둘레 / 허리둘레 / 엉덩이둘레 / 머리둘레
어깨 폭 / 소매길이 / 밑아래 길이 / 발 길이

※ 돌 사이즈는 편집부에서 줄자로 잰 길이이며, 단위는 센티미터cm입니다.
※ '머리둘레'는 이마 위쪽에서 귀 위 둘레를 잰 가장 큰 부분입니다. 가발 타입 돌은 가발 미착용 상태로 쟀습니다.
※ '어깨 폭'은 오른쪽 어깨부터 왼쪽 어깨까지의 동체 너비입니다.
※ '소매길이'는 어깨 관절에서 손목까지, '밑아래 길이'는 가랑이 관절에서 발목까지 쟀습니다.
※ '발 길이'는 발바닥 가장 긴 부분(발뒤꿈치부터 발가락 끝까지) 길이를 쟀습니다.

지금 해외에서는 작은 인형Tiny Dolls이 조금씩 붐을 일으키고 있어요.
가방에 넣어 다니며 여행지에서 사진 찍기 좋은 사이즈가 인기를 끕니다.
인스타그램이나 플리커 등에서도 세련된 타이니 돌 사진들이 주목받고 있어요.
그렇게 주목받는 인형들 사이에서 크기로 많이 비교되며
작은 인형 중에서도 특히 귀여워서 인기를 끄는
〈미디 브라이스〉 〈iMda 1.7 & Cutie:P〉를 특집으로 소개합니다.
의상도 디자인에 따라 호환 가능해요.

iMda 1.7 & iMda Cutie:P

인형 작가 임동아Lim dong A 씨가 직접 만든 SOOM 사의 iMda 시리즈. 1.7은 키를 의미하며, 17cm의 작은 구체관절인형이다. 사진 속 모델은 Anne(노멀 피부). 보디는 레진으로 만들어졌고, 관절은 고무 텐션이 걸려있다. 안구는 유리고, 머리카락은 가발이다. 주문할 때는 안구와 가발 및 페인팅도 옵션으로 선택할 수 있다.

Cutie:P는 iMda 시리즈 중 가장 작은 레진 구체관절 인형이다. 토끼 모티프, 〈Tokki〉 외에 여우 모티프 〈Yeowoo〉도 판매하고 있다. 귀와 꼬리는 강력한 자석으로 붙어있어서 옷이나 모자를 씌워 착용할 수 있다. 의상은 카멜리아Camellia 씨 작품이다.

iMda 1.7

iMda Cutie:P

Doll Size Data

키	17.0
가슴둘레	7.0
허리둘레	6.6
엉덩이둘레	9.7
머리둘레	12.1
어깨 폭	3.4
소매길이	4.0
밑아래 길이	6.3
발 길이	2.3

Doll Size Data

키	12.5
가슴둘레	5.4
허리둘레	6.5
엉덩이둘레	7.5
머리둘레	8.7
어깨 폭	1.9
소매길이	3.0
밑아래 길이	3.0
발 길이	1.5

벳시 맥콜 Betsy McCall

1957년에 약 20cm 사이즈 플라스틱 돌로 탄생한 원조 패션 돌. 눕히면 눈을 감는 슬립 아이이고 헤드 부분에는 가발을 붙여놓았다. 양팔은 고무줄로 연결됐고, 고관절과 무릎을 직각으로 구부려 앉힐 수 있다. 2000년에 토너 돌 사에서 거의 같은 크기의 복각판 돌을 만들었다.

Doll Size Data

키	19.7
가슴둘레	8.9
허리둘레	7.2
엉덩이둘레	10.1
머리둘레	13.5
어깨 폭	3.5
소매길이	4.7
밑아래 길이	7.0
발 길이	2.1

야코 푸치 돌 Yako Petite Doll

마드모아젤 야코 씨가 직접 만드는 패브릭 돌. 하나씩 미묘하게 다르게 그려진 표정과 머리 모양, 양말의 다양함 그리고 놀라울 정도로 저렴한 가격대(2천 엔 대)로 컬렉터의 소유욕을 자극하여 열성 팬이 많은 시리즈. 일반적으로 많이 팔리는 옷갈아입히기 세트 외에도 이벤트 한정으로 제작되는 옷갈아입히기 세트 또한 인기가 높다. 머리에 볼 체인을 달 수 있다.

Doll Size Data

키	16.0
가슴둘레	6.0
허리둘레	6.0
엉덩이둘레	7.0
머리둘레	13.0
어깨 폭	2.1
소매길이	4.0
밑아래 길이	5.0
발 길이	1.5

도란도란 Doran Doran

인형 작가 아토마루 Atomaru 씨가 2011년에 제작한 PVC 돌. 사이즈나 팔다리 균형은 초대 리카와 비슷하지만, 볼륨 있는 다리와 작은 얼굴이 특징이다. 인형 구매는 아트마루 홈페이지(http://www.atomarudoll.com)에서. 한국어 사이트로만 운영 중이다. 페인팅과 의상이 포함된 완성품은 발매 직후 완판 되어버린다. 노페인팅 돌 키트도 판매 중이다.

Doll Size Data

키	19.7
가슴둘레	8.0
허리둘레	6.9
엉덩이둘레	9.2
머리둘레	9.3
어깨 폭	2.5
소매길이	6.0
밑아래 길이	8.0
발 길이	1.9

미디 브라이스 Middie Blythe

2010년에 CWC 프로듀스, ㈜다카라토미 사에서 네오 브라이스와 푸치 브라이스의 중간 크기로 제작 판매된 인형. 키는 약 20cm이며, 소재는 네오와 같은 ABS+PVC다. 보디 밸런스는 네오보다 약간 어린 인상. 안구색은 1색으로 눈꺼풀이 고정되어 있다. 머리 내부에 장치가 있어, 후두부 다이얼을 조작하여 눈동자 위치를 좌우로 움직일 수 있다. 피부색은 페어(내추럴), 크림(흰색), 모카(검은색)가 있고, 반투명 타입과 매트 타입 등도 만들어지고 있다.

사진은 미츠히데 Mituhide 씨의 커스텀 작품으로, 베이스 모델은 《나나즈 리틀러스》. 얼굴에 주근깨 등 페인팅을 하고 눈과 헤어스타일(두피)을 바꿨다.

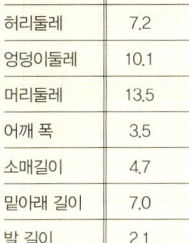

"I can look both ways."

Doll Size Data

키	20.0	어깨 폭	3.1
가슴둘레	8.3	소매길이	4.7
허리둘레	6.0	밑아래 길이	6.7
엉덩이둘레	8.2	발 길이	1.8
머리둘레	20.0		

Betsy McCall

벳시 맥콜

1951년에 태어난 꼬마 숙녀 벳시. 예스럽고 정겨운 미국을 대표하는 부잣집 아이 같은 이 인형은 복각판으로 이어진 지금도 변함없이 사랑받고 있습니다. 아쉽게도 더 이상의 신작 발매는 없지만 언젠가 다시 발매 개시하길 기원하며 벳시의 역사를 돌아봅니다. 이번에는 벳시의 팬인 세키구치 타에코 씨가 당시 나온 종이 인형 느낌의 드레스를 만들어 주셨습니다.

OUTFIT : 세키구치 타에코 Taeko Sekiguchi (F.L.C.)
DOLL : 벳시 맥콜 Betsy McCall (American Character Company)
　　　 타이니 벳시 맥콜 Tiny Betsy McCall (Tonner Doll Company)

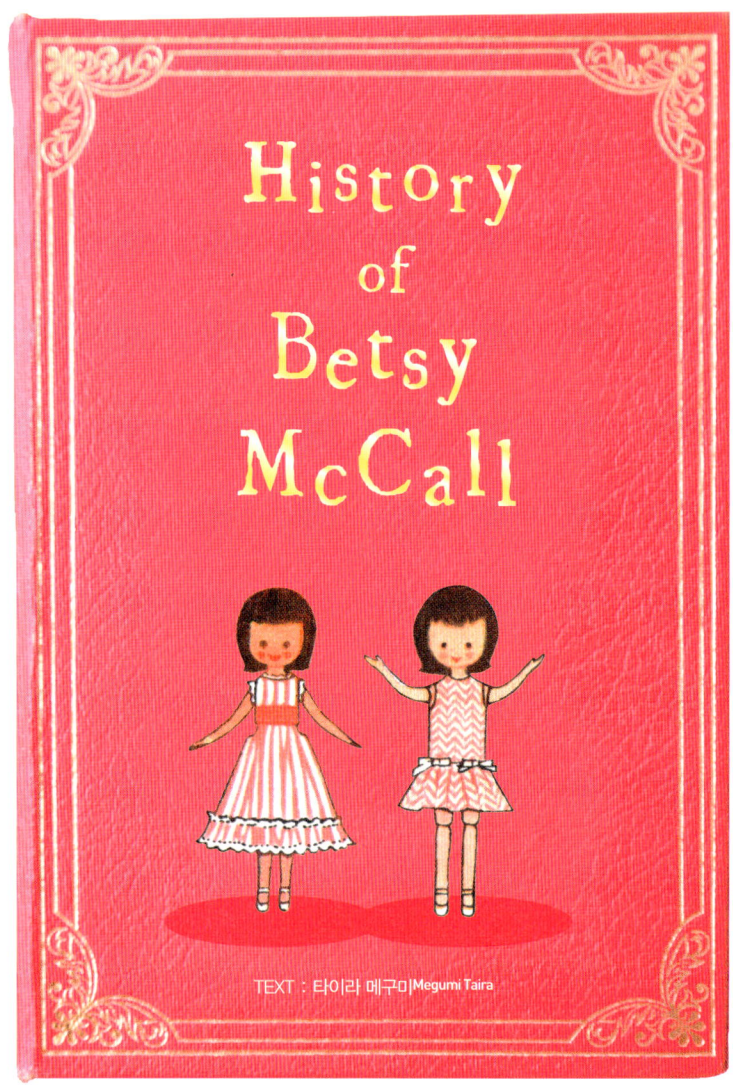

TEXT : 타이라 메구미 Megumi Taira

는 아빠가 출시되었고, 1966년에는 쌍둥이 여동생 메리와 케리가 등장했습니다. 사촌 바버라, 남자친구 지미, 반려견 닥스훈트까지 나오며, 벳시와 다양한 캐릭터들 간의 훈훈한 일상을 짧게 소개하게 되었습니다. 지니 호프만, 수 샤나한으로 일러스트레이터를 바꿔가며 1973년 말까지는 매달, 그 이후부터는 간헐적으로 1995년 9월까지 연재된 인기 부록이 되었습니다.

캐릭터나 이야기 이상으로 매력적이었던 부분은 갈아입힐 수 있는 멋진 옷이었습니다. 이 옷들은 데뷔 초 〈케이트 그린어웨이〉나 〈나네뜨〉 같은 아동복 브랜드가 디자인하면서 같은 디자인의 아동복 패턴을 판매했습니다. 퍼프소매의 외출용 원피스나 움직이기 편한 멜빵 치마를 동경하던 소녀들은 어머니에게 벳시와 같은 옷을 해달라며 졸랐죠. 이렇게 벳시 맥콜 종이 인형은 단순히 잡지 판매를 늘렸을 뿐 아니라, 맥콜 사의 패턴과 옷 만들기에 필요한 원단 및 장식품 판매에도 일조했습니다. 또한 제1차 세계대전 직후부터 미국에서 대두하기 시작한 기성품 아동복 브랜드의 우수성을 광고하는 캐릭터 역할도 했습니다.

종이 인형의 인기에 힘입어, 귀여운 일러스트를 사용한 그림책이나 어린이용 가방 등의 상품 또한 많이 만들어졌습니다. 그러던 중 아이디얼 사Ideal Toy Company에서 일러스트를 모델로 한 14인치(약 36cm) 패션 돌을 발매했습니다.

▼ 벳시 맥콜은 미국의 패션 패턴 회사인 맥콜 사가 출판한 〈맥콜 매거진McCall's Magazine〉에 게재된 패션 돌입니다.

1873년에 간행된 잡지 〈더 퀸The Queen〉을 제목만 바꿔서 1997년 창간한 이 잡지는 당시에 옷 패턴을 싣던 패션 전문지였습니다. 그러던 것이 20세기에 독자들의 목소리를 반영하면서 미용과 건강, 육아나 가사 등 여성이 관심 많은 주제를 망라한 종합지로 성장했습니다. 거기에 소설이나 뉴스 등 읽을거리도 더하고 〈세븐 시스터즈Seven Sisters〉라고 불리는 여성 취향의 7대 가정 잡지에서 일익을 담당할 정도로 미국에서 인기 있는 여성지로 성장했습니다.

제2차 세계대전 후에는 제32대 대통령부인 엘레노어 루즈벨트를 시작으로 저명인사가 기고자로 참여했습니다. 하지만 경쟁 잡지가 많이 생기고 발행 부수가 더는 늘지 않아 여성 위주의 잡지에서 벗어나, 가족 캠페인을 전개하여 가족 모두가 즐길 수 있는 잡지로 노선을 변경했고, 아이들이 즐길 수 있는 종이 인형을 부록으로 선보입니다.

1951년 5월 벳시 맥콜은 케이 모리세이가 그린, 오려서 놀 수 있는 6인치(약 15cm) 종이 인형으로 데뷔했습니다. 여섯 살을 앞두고 있다는 설정인 벳시는 앞머리를 내린 풍성한 보브 헤어를 한 귀여운 소녀입니다. 6월에는 엄마가, 7월에

This is Betsy McCall

This party dress looks as enticing
As a birthday cake with icing

Betsy goes to bed at night
In a gown that's pink and white

Betsy's housecoat is brand-new
And her dolly has one too

A daytime dress is very pert
With two bows sewn on the skirt

〈McCalls Magazine〉 1959년 1월호 중

　기본 돌은 레이스를 단 베이비핑크색의 캐미솔을 입고, 양말과 구두를 신고 박스에 넣어 판매됐습니다. 기본적으로 갈아입힐 옷은 따로 판매되었습니다. 발매 첫해에는 감색에 흰색으로 핀 도트 무늬가 있는 통학용 원피스, 생일용으로 살짝 비치는 핑크색 나일론 드레스, 네글리제부터 발레리나 의상까지 18종류를 발표했습니다. 그 후에도 소녀들이 직접 입고 싶어 할 디자인의 의상이 차례로 발표됐습니다. 의상의 원단 무늬가 다르거나 색이 다르거나 하는 일은 빈티지 돌에서 흔한 일이었죠. 모자나 가방 외에는 어린이답지 않은 화려한 액세서리는 없었습니다. 이런 점에서 '빈티지 벳시'가 입었던 의상은 부모가 아이에게 입히고 싶은 디자인이 됐습니다. 맥콜 사는 이제껏 판매하던 아동복 패턴과 똑같은 인형옷 패턴을 추가로 판매하기 시작했습니다.

　벳시는 부모와 자녀가 함께 즐길 수 있는 패션 돌로 인기를 얻었습니다. 그러나 1959년 마텔 사Mattel에서 바비를 발매하자, 아이들은 좀 더 어른스러운 패션에 매료되었고 벳시의 인기는 하락하게 됩니다. 아메리칸 캐릭터 사는 블리스터 포장으로 바꿔서 단가를 낮추고, 사이즈가 큰 인형을 발매하는 등 바비와 차별화를 두고 활로를 모색했지만 1963년 결국 생산을 중단할 수밖에 없었습니다.

▼ 종이 인형이었을 때보다 등신 밸런스가 전체적으로 유아형이며 조금 통통하게 제작되었습니다. 당시 아이디얼 사에서 인기리에 판매 중이던 셜리 템플Shirley Temple의 캐릭터 돌을 이을 만큼 귀여운 인형이었습니다. 이후에 벳시 맥콜이라는 이름의 이 패션 돌은 다양한 회사에서 발매됐습니다. 그중 가장 대중적인 것은 아메리칸 캐릭터 사American Character Doll Company가 1957년에 발매한 8인치(약 20cm) 인형입니다.

　현재 대중이 '빈티지 벳시'로 부르는 이 인형은 아이디얼 사에서 만든 인형처럼 눕히면 눈을 감는 '슬립 아이' 기능이 있습니다. 또한 무릎에 이음매를 만들어서 의자에 앉힐 수 있게 했습니다. 전체적인 등신 밸런스도 종이 인형과 비슷하게 만드는 등 외견이 크게 바뀌었죠. 무릎의 이음매는 첫해 발매에만 플라스틱이었고, 이듬해부터 금속으로 바뀌었습니다. 헤드도 갸름해졌습니다. 머리카락은 가발이며, 양옆에 금속 핀으로 고정하도록 한 것이 기본이었습니다. 가발 소재도 코튼 그물에 부드러운 모헤어를 엮어 쓰다가, 1958년 이후부터 러버 캡에 사란saran을 식모하여 쓰는 것으로 바뀌었습니다. 머리색은 블론드, 토스카, 레드, 브루넷의 4종류입니다. 그중에서 갈색이 섞인 블론드인 토스카는 다른 색에 비해 생산량이 많아 대표적인 머리색이 됐습니다.

Replica   *Vintage*   *Replica*   *Vintage*

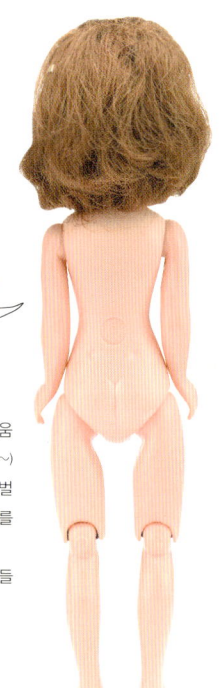

Back

빈티지의 어깨는 앞뒤로만 움직이지만, 복각 모델(2005년~)은 양팔을 관절에서 좌우로 벌릴 수 있어서 다양한 자세를 즐길 수 있게 됐습니다. 엉덩이 골은 거의 똑같이 만들었어요.

Front

전체 높이는 둘 다 19.7cm로 거의 같습니다. 가슴둘레, 엉덩이둘레는 재봤을 때 복각 쪽이 1mm 정도 크지만 거의 같습니다. 피부색은 빈티지 쪽이 더 밝고 핑크빛이 도는 것을 알 수 있어요.

Vintage Face

모델 돌의 머리색은 토스카로, 식모는 굵고 단단하며, 가발 접착 위치가 조금 뒤로 간 게 특징입니다. 손으로 그린 눈썹은 비교적 안구 구멍에 가깝고, 아래 속눈썹만 그려져 있습니다. 입술은 빨갛고 작은 편이며 장밋빛 볼 터치가 화사합니다.

Replica Face

모델 돌의 머리색은 토스카로, 식모는 빈티지보다 붉은색이 더 진하며 가늘고 모발 양도 더 많습니다. 눈썹 등의 페인팅은 마스크 도장이며, 안구 구멍 위로는 아이라인과 속눈썹을 두 줄 그린 타입입니다. 얼굴 윤곽은 볼륨이 있습니다.

지만, 새로워진 보디는 팔을 좌우로 벌릴 수 있도록 하여 다양한 자세를 취할 수 있어 인기를 끌었습니다.

'타이니 벳시 맥콜'은 캐미솔만 입은 베이식 돌보다 옷을 입혀서 판매된 것이 많았습니다. 따로 판 의상까지 포함하여 다양한 패션이 전개됐습니다. 어른 옷과 전혀 다른 아동복 디자인은 빈티지 감성을 이어받아 1950~60년대 종이 인형을 기본으로 만든 것이 많아 복고적인 귀여움이 넘칩니다.

2008년에 계열사인 이팡비 샤Effanbee로 판매 이동되고, 이듬해에 레진으로 만든 '얼티밋 벳시 맥콜'이 발매되면서 '타이니 벳시 맥콜'의 생산 수량이 감소하면서, 아쉽게도 2013년을 마지막으로 생산이 중단되고 맙니다. 하지만 벳시의 어린이다운 귀여움은 아직도 인기가 많으며, 특히 일본에서 8인치 돌은 기존 패션 돌의 의상과 호환성이 높아 신작의 재등장을 기다리는 팬도 적지 않습니다.

▼ 1996년 토너 돌 사 Tonner Doll Company에서 14인치 전혀 새로운 인형을 발매하면서 벳시 맥콜이라는 이름이 다시 주목받기 시작했습니다. 그리고 탄생 50주년을 목전에 둔 2000년에 토너 돌 사의 컨벤션에서 아메리칸 캐릭터 사의 8인치 돌을 복각하여 '타이니 벳시 맥콜'이라는 이름으로 한정 판매했습니다. 이듬해부터 안구 구멍이 작은 헤드로 마이너 체인지하여 일반 판매도 시작했습니다. 아쉽게도 〈맥콜 매거진〉은 2001년 3월에 폐간됐지만, 벳시 맥콜은 이렇게 새로운 세기를 맞을 수 있었습니다.

복각된 인형은 피부색이 전체적으로 진하지만 보디 사이즈는 빈티지와 거의 같습니다. 얼굴도 최대한 당시 이미지를 닮아 제작했습니다. 초창기 일부 인형에는 아이라인이 없었지만, 현대에 아이라인이 없으면 인상이 흐려지기 때문에 아이라인을 넣고 눈꼬리에 눈썹을 두 줄 그려 넣은 버전이 주류가 됐습니다. 그 후 빈티지에서는 볼 수 없었던 다양한 머리색이나 헤어스타일, 피부색이 등장했습니다. 2005년에는 더욱 화려한 눈 화장을 한 '퍼키 페이스'를 발표했습니다. 벳시의 어리고 귀여운 이미지를 깨는 게 아닌가 하는 반감을 품은 목소리도 있었

Betsy McCall

historical calendar

1851년 〈맥콜 매거진〉의 부록으로 종이 인형 이 등장

1952년 맥콜 매거진에서 14인치 패션돌 발매

1957년 아이디얼 사에서 14인치 패션돌 발매

1958년 아메리칸 캐릭터 사에서 8인치 선돌 발매

1959년 아메리칸 캐릭터 체인지 되어 14인치 이마이너 돌 20인치 돌 등장

1960년 아메리칸 캐릭터사의 블리스 터포장으로 바뀌고 36인치 돌 등장

1961년 인형과 의상이 블리스터 포장된 〈벳 시 맥콜 스타터 세트〉 발매 14인치 돌과 20인치 돌은 생산 중단

1962년 아메리칸 캐릭터사의 모든 돌 생산 중단

1963년 아메리칸 캐릭터 사가 22인치와 29인치 돌 발매

1964년 유니다사 Ueeda Doll Company 에서 바비와 같은 사이즈로 중학생 벳시를 1년간 생산

1984년 일본 다카라토미 사에서 16인치 안는 인형 발매

1986년 벳시 35주년을 기념하여 로스타일 린 피규어도 생산 더 헤어룸 드래디션 사 명의로 포슬 린 피규어도 생산

1995년 토너 돌 사에서 새로운 14인치 양한 돌 발매 다카라토미가 16인치 돌 포슬린 피규어 생산 중단

1996년 〈맥콜 매거진〉 종이 인형 게재 중단

2000년 토너 돌 사의 컨벤션에서 아메리칸 캐릭터 사의 8인치 돌을 복각한 〈타이 니 벳시 맥콜〉의 일반 판매 개시

2001년 〈타이니 벳시 맥콜〉의 화려한 〈퍼키 페이스〉 양을을 좌우로 벌릴 수 있는 새로운 보디 등장

2005년 눈 화장이 화려한 〈퍼키 페이스〉 양을

2008년 토너 돌 사계열의 이팡비 사로 판매 이동

2009년 레진으로 만든 〈얼티밋 벳시 맥콜〉 발매

2013년 〈타이니 벳시 맥콜〉 신작 생산 중단

material

□ 코튼 레이스 원단(흰색) … 30cm X 17cm
□ 안단용 면 론(흰색) … 10cm X 7cm
□ 6mm폭 새틴 리본 … 12cm
□ 7~8mm폭 레이스 … 58cm
□ 3mm 필 비즈 … 2개

※ 레이스 폭은 시접 5mm+밖으로 나오는 부분 2~3mm 정도면 되므로 폭이 넓은 레이스를 잘라 사용해도 됩니다.

1. 각 패턴을 잘라 올풀림 방지액을 발라 둔다.

4. 레이스 단에 약간씩 가위집을 낸다.(1cm 간격으로 여러 군데)

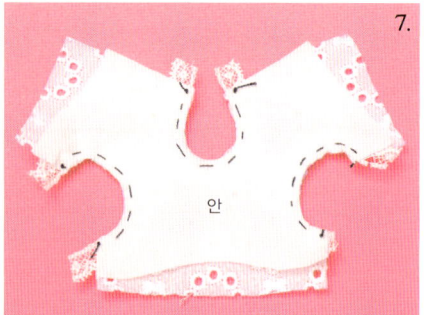

7. 몸판과 안단을 겉이 마주 보도록 겹치고, 목둘레와 소매둘레의 시접선 밖으로 시침질한다.

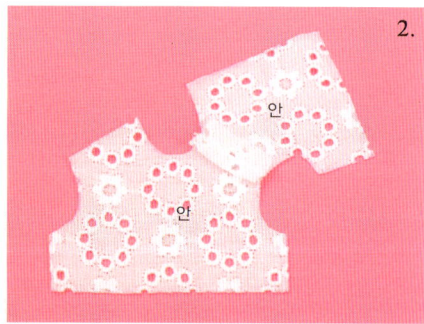

2. 앞뒤 몸판은 겉이 마주 보도록 겹쳐서 어깨를 꿰매 붙인다.

5. 시접 부분에만 접착제로 붙인다
레이스의 스캘럽이 바깥쪽을 향하도록 두고, 목둘레와 소매둘레를 접착제로 살짝 붙인다.

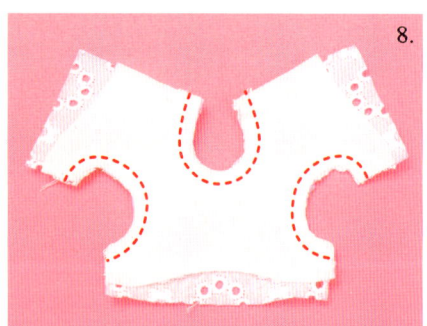

8. 목둘레와 소매둘레 시접을 재봉틀로 박음질하고, 시침질한 실을 뺀다.

3. 양어깨를 꿰매 붙이고, 시접은 펼쳐서 다림질한다.

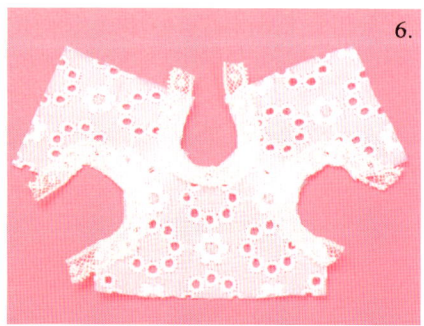

6. 레이스는 굴곡을 따라 잘 붙이고, 끝단을 살짝 빼고 자른다.

9. 가위집
목둘레와 소매둘레 시접에 가위집을 낸다.

Betsy McCall

10.
앞 몸통의 안단 옷단에 겹자 가위를 넣고, 뒤 몸판 옷단을 잡아 앞 몸판 쪽으로 끄집어낸다.
※ 어깨 부분이 좁아서 빼내기 어렵지만, 조금씩 조심하여 끄집어 낸다.

11.
겉으로 뒤집고 난 후 송곳 등으로 곡선 부분을 잘 정돈한다.

12.
전체적으로 다림질한다.

13.
몸판 겉면이 마주 보도록 겹치고 양 옆선을 꿰맨다.

14.
옆선 시접을 펼쳐서 다림질한다.

15.
옷단에 스캘럽이 안쪽을 향하도록 레이스를 두고, 시접 5mm 완성선 위치를 재봉틀로 박음질한다.

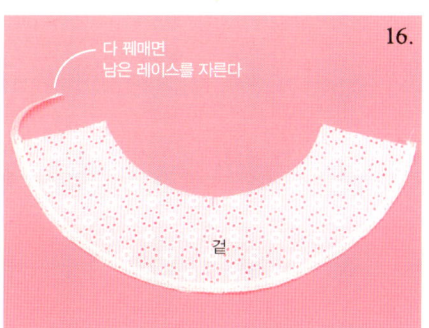

16.
마지막까지 비뚤어지지 않도록 주의하며 박음질한다.

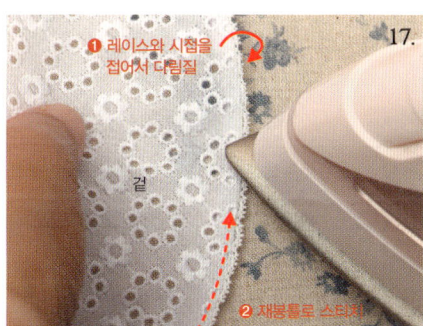

17.
레이스와 옷단 시접을 같이 안쪽으로 눕히고, 옷단 끝에서 레이스가 보이도록 다림질하고 재봉틀로 스티치를 넣는다.

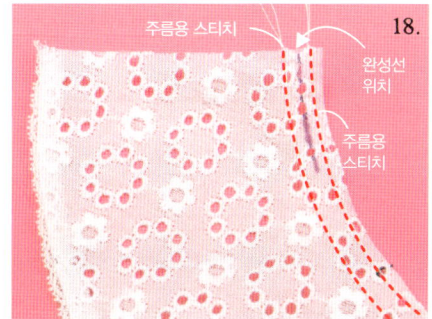

18.
치마허리 시접 5mm 완성선 좌우로 주름용 스티치를 2줄 넣는다.
※ 주름용 스티치는 스티치 폭을 크게(3mm 정도) 설정하고, 양 끝에 실을 남겨 둔다.

Betsy McCall

19. 스티치 한쪽을 풀어지지 않도록 매듭짓고, 반대편으로 실 2줄을 같이 당기면서 허리둘레에 알맞게 주름을 잡는다.

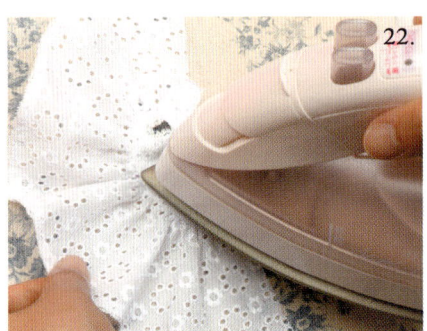

22. 시접을 허리 쪽으로 접어 다림질한다.

25. 리본이 비뚤어지지 않는지 살피면서 조금씩 박음질한다.

20. 주름을 잡아 풀어지지 않도록 매듭짓고, 주름이 균등하도록 정돈하여 다림질한다.

23. 허리 시접은 재봉틀로 스티치를 넣어 들뜨지 않게 한다.

26. 뒤트임은 트임 끝 조금 아래까지 접어서 접착제로 살짝 붙여둔다.

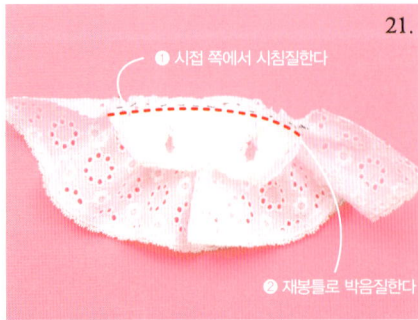

21. ❶ 시접 쪽에서 시침질한다
❷ 재봉틀로 박음질한다
몸판과 치마를 겉면이 마주 보도록 겹쳐서 재봉틀로 박음질한다.

24. 허리 이음새에 리본을 대고 박음질한다.

27. 뒤트임 양쪽에 각각 스티치를 넣는다.

Betsy McCall

34.

통과한 실을 그대로 잡아당기면 1코가 완성된다. 이어서 오른손 고리에 한 번 더 왼손 실을 통과시켜서 코를 만든다.

31.

뒤트임에 실 루프를 만든다. 루프를 달 위치에서 바늘을 꿰어 실로 2~3번 매듭짓는다.

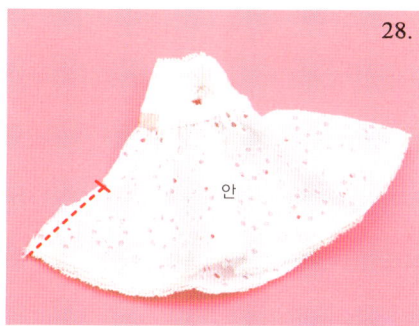

28.

뒤 중심을 겉면이 마주 보도록 겹친 다음 옷단부터 뒤트임 끝까지 박음질한다.

35.

이런 식으로 몇 번 더 코를 만들어 펄이 통과할 정도의 적당한 길이가 되면, 고리에서 실을 빼서 잡아당긴다.

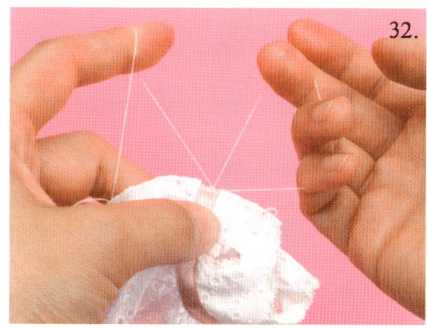

32.

매듭진 실은 끝까지 빼지 말고 고리를 만든다.

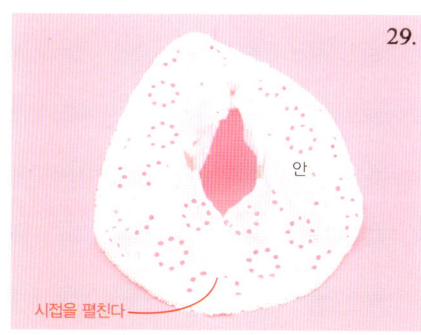

29.

뒤 중심 시접은 펼쳐서 다림질한다.

36.

고리를 다 만들면 매듭을 짓고 루프를 만든다. 펄 고리 용으로 두 군데에 만들면 완성.

33.

고리 사이로 실을 통과시킨다.

30.

뒤트임에 펄을 2개 단다.

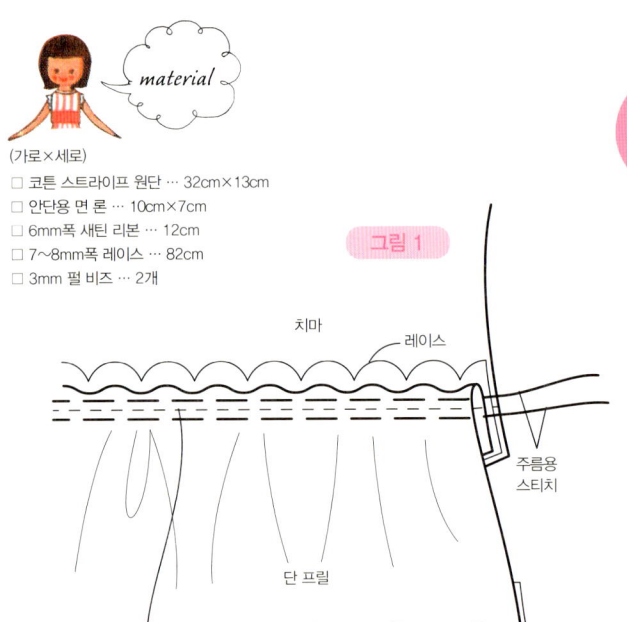

material

(가로×세로)
- 코튼 스트라이프 원단 … 32cm×13cm
- 안단용 면 론 … 10cm×7cm
- 6mm폭 새틴 리본 … 12cm
- 7~8mm폭 레이스 … 82cm
- 3mm 펄 비즈 … 2개

그림 1

치마 레이스

주름용 스티치

단 프릴

주름 위로 스티치를 넣는다 레이스

난이도 ★☆☆

원피스 어레인지 A
롱스커트

How to make
롱스커트
① 기본 원피스 만들기 1~14를 따라 만든다.
② 치맛단 프릴 위아래에 레이스를 박음질하여 붙인다.(기본 원피스 만들기 15~17 참고)
③ 프릴 위쪽으로 주름용 스티치를 넣고 치마 길이에 맞게 주름을 잡는다.(기본 원피스 만들기 18, 19, 그림 1 참고)
④ 치마 위에 프릴을 겹치고 위에서 프릴을 박음질하여 붙인다.
⑤ 여기서부터는 기본 원피스 만들기 18~36을 따라 만든다.

난이도 ★★☆

원피스 어레인지 B
프렌치 슬리브 & 로 웨이스트

material

(가로×세로)
- 코튼 물결무늬 원단 … 28cm×17cm
- 안단용 면 론 … 10cm×7cm
- 3.5mm폭 새틴 리본 … 20cm
- 3mm 펄 비즈 … 3개

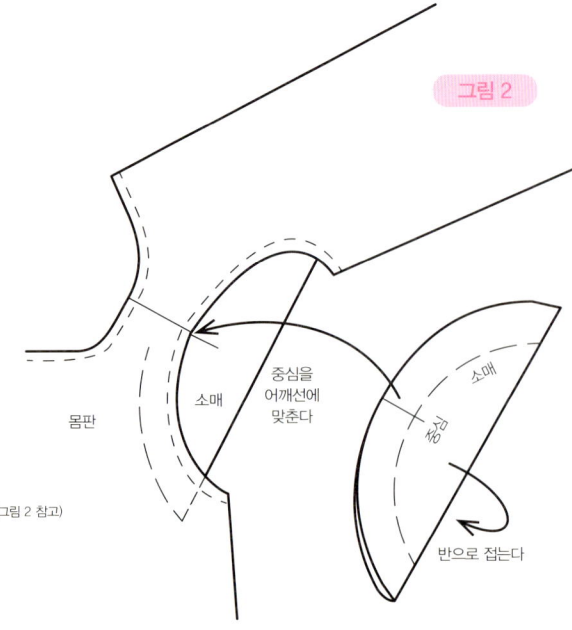

그림 2

몸판 소매 중심을 어깨선에 맞춘다 소매

반으로 접는다

How to make
프렌치 슬리브 & 로 웨이스트
① 기본 원피스 만들기 1~12를 따라 만든다.(레이스는 끼우지 않음)
② 소매를 반으로 접어 다림질하고, 소매 완성선과 몸판 소매둘레선을 맞춰서 접착제로 살짝 붙인다.(그림 2 참고)
③ 소매둘레, 목둘레 주변에 스티치를 넣는다.
④ 몸판을 겉면이 마주 보도록 겹쳐서, 양옆 선을 박음질한다.(기본 원피스 만들기 13, 14 참고)
⑤ 여기서부터는 기본 원피스 만들기 18~36을 따라 만든다.
⑥ 여기서부터는 기본 원피스 18 이후와 만드는 방법이 거의 같다.
⑦ 마무리로 허리 부분에 리본을 달아준다.

원피스 어레인지 C
둥근 깃 & 반소매 & 앞트임 디자인

난이도 ★★★

(가로×세로)
- 코튼 원단(핑크) … 36cm X 20cm
- 3~4mm 사이즈 인형용 단추 … 5개
- 3mm 펄 비즈 … 1개
- 걸이 단추(걸쇠 부분) … 2개

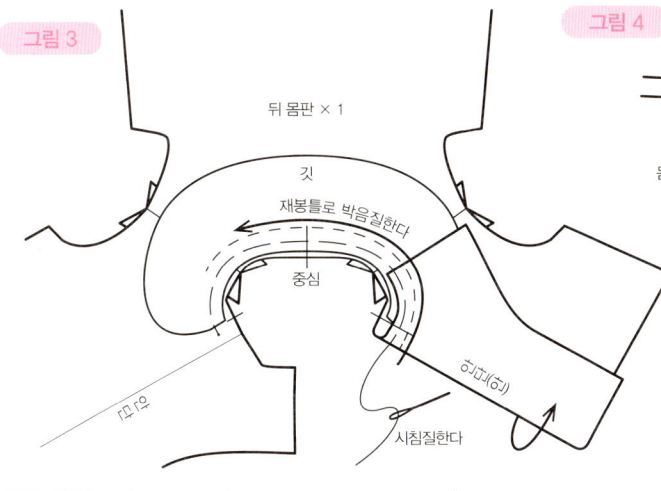

그림 3

그림 4

How to make
둥근 깃 & 반소매 & 앞트임 디자인

① 앞 몸판 다트를 박음질하고, 다트는 아래를 향하도록 하여 다림질한다.
② 앞뒤 몸판을 겉면이 마주 보도록 겹쳐서 어깨를 꿰매고, 시접은 펼쳐서 다림질한다.
③ 깃 2장을 겉면이 마주 보도록 겹쳐서 꿰매고, 시접에 가위집을 내어 겉으로 뒤집어 모양을 잡고 다림질한다.
④ 깃과 뒤 몸판 중심을 맞춰서 시침핀으로 고정하고, 깃을 붙일 위치와 끝을 맞춰 시침질한다.
⑤ 몸판 안단을 겉면이 마주 보도록 접어 깃 위에 겹치고 시침질한다.(그림 3 참고)
⑥ 목둘레를 재봉틀로 박음질한다.
⑦ 목둘레 시접에 가위집을 내고, 안단을 겉으로 뒤집는다.
　목둘레~앞섶을 다림질하여 정돈하고, 목둘레에 스티치를 넣는다.
⑧ 소매 입구는 완성선대로 접어 스티치를 넣는다.
⑨ 소매산에 주름을 잡고, 몸판과 겉면이 마주 보도록 겹쳐 박음질한다.
⑩ 소매둘레의 시접은 소매 쪽으로 접어 다림질한다.
⑪ 옆선~소매를 겉면이 마주 보도록 겹쳐 박음질하고, 소매 아래와 겨드랑이 부분 시접 두 군데에 가위집을 낸다.
　시접은 펼쳐서 다림질한다.(그림 4 참고)
⑫ 치맛단 안단을 겉면이 마주 보도록 접고, 단 부분을 박음질한다.(그림 5 참고)
⑬ 겉으로 뒤집어서 안단 부분과 단 부분을 완성선대로 접어 다림질한다.
⑭ 치맛단에 스티치를 넣는다.
⑮ 몸판과 치마의 허리를 겉면이 마주 보도록 겹쳐 박음질한다.
⑯ 시접을 몸판 쪽으로 접어 스티치를 넣는다.
⑰ 오른쪽 몸판 앞섶에 단추를 단다.
⑱ 오른쪽 몸판에 단추 안쪽에 단추 걸쇠를 단다.
⑲ 왼쪽 몸판 앞섶에 실 루프를 만들어 단다.
⑳ 그림 6을 참고하여 리본 벨트를 만든다.
　벨트 만들기가 어렵다면 5mm 리본을 달아도 좋다.

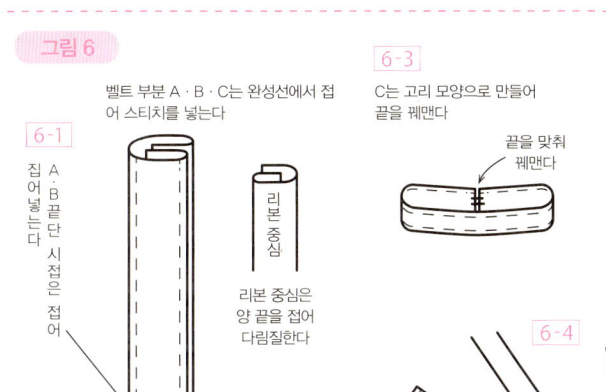

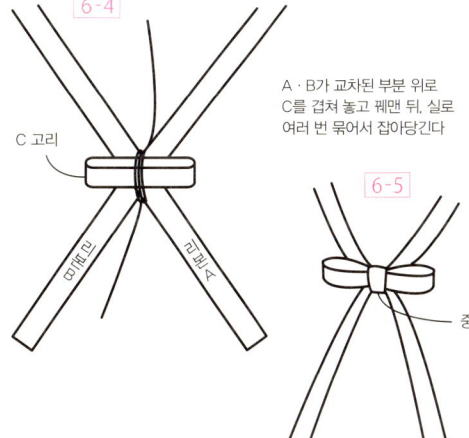

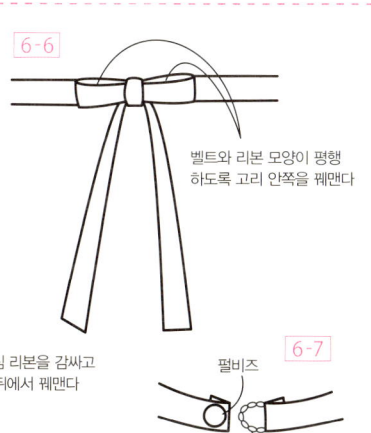

Doran Doran

도란도란

OUTFIT : 오다니 미유키 Miyuku Odani, 아메노모리 히로코 Hiroko Amenomori, 지네 마마 Jine mama
MAKE UP : 오다니 미유키, 니코 nico*, Atomaru

인스타그램 등 SNS에서 인기가 많은 인형
〈Doran Doran(도란도란)〉을 아시나요?
키는 초대 리카나 벳시와 거의 같지만
작은 얼굴과 가녀린 보디 때문에
한 치수 작은 느낌이 듭니다.
그리고 통통한 다리가 특징이죠.
앞뒤 좌우로 움직이는 목과 와이어가 들어간 팔 덕분에
다양한 자세를 즐길 수 있다는 게 인기 비결입니다.

이번에는 일본에서 구하기 힘든 도란도란으로
오다니 미유키, 아메노모리 히로코(작은곰자리), 지네 마마
세 작가님께 어레인지를 부탁했습니다.
페인팅과 의상으로 인상이 완전히 달라진
도란도란의 신비한 매력을 감상해보세요.

Let's make Dress

material 드레스

(가로×세로)
- 레이스 원단 … 4cm × 12cm
- 무지 브로드 원단 … 4cm × 12cm
- 도트 레이스 … 7cm폭 × 30cm
- 무지 새틴 … 5cm × 28cm
- 스트레칭 프릴 리본 … 1cm폭 × 12cm
- 리본(0.4cm폭) … 20cm
- 똑딱이 0.3cm … 2개
- 꽃 스팽글 … 7개
- 비즈알 0.2cm … 7개
- 리본(0.7cm폭) … 적당량

How to make 드레스

1. 몸판의 겉감(레이스)과 안감을 겉면이 마주 보도록 겹쳐 박음질하고, 겉으로 뒤집는다.
2. 다림질하여 정돈하고 다트를 박음질한다.
3. 치마 겉감(레이스)과 안감의 뒤트임을 뒤트임 끝까지 접어 박음질하고, 각각 허리에 주름을 잡는다.
4. 치마 겉감과 안감을 겹쳐서 허리와 몸판 단을 겉면이 마주 보도록 겹쳐 박음질한다. 시접은 위로 접어 스티치를 넣는다.
5. 몸판 앞 중심과 프릴 리본 중심을 맞춰 꿰매 붙인다.
6. 프릴 리본 길이를 조절하여 양 끝을 몸판 뒤로 꿰매 붙인다.
7. 치마 겉감과 안감 뒤 중심을 겉면이 마주 보도록 겹쳐, 단에서 뒤트임까지 박음질한다.
8. 허리에 리본을 얹고 펄과 함께 꿰매 붙인다.
9. 뒤트임에 스냅 단추를 달고, 스팽글과 리본 등으로 장식하여 완성한다.

material 화관

(가로×세로)
- 패브릭 꽃지름 0.8~1cm … 적당량
- 꽃술(골드) … 11개
- 리본(0.4cm폭) … 25cm
- 와이어 … 적당량

How to make 화관

1. 꽃잎을 원하는 색으로 물들이고 2~3장씩 겹쳐서 꽃술을 끼운다.
2. 꽃을 와이어로 잡아주고, 고리를 만들어 리본에 단다.

1
겉감과 안감을 겹쳐서 1장으로 만든 다음 다트를 넣는다

위 몸판 안감 겉

치마 트임 부분을 접어 박음질하고 각각 주름을 잡아
뒤 몸판과 겉면이 마주 보도록 겹쳐서 박음질한다

위 몸판 겉감 겉

치마 안감 안
치마 겉감 안

2

프릴 리본 길이를 조절하여 몸판 뒤에서 꿰매 붙인다

시접을 위로 접고 몸판 쪽을 잘 눌러 스티치를 넣는다

치마 안감 안

겉감과 안감을 겉면이 마주 보도록 겹쳐, 단에서 트임 끝 위치까지 박음질한다

3

스팽글과 비즈로 장식한다

벨트 리본을 펄과 함께 꿰매 붙인다

리본을 만들어 붙인다

material 블라우스

(가로×세로)

□ 면 론 ··· 30cm × 20cm
□ 부드러운 망사 천 ··· 6cm × 6cm
□ 앞판 세로 레이스 ··· 0.4cm폭 × 3cm
□ 앞 요크 레이스 ··· 0.6cm폭 × 8cm
□ 단 레이스 ··· 0.8cm폭 × 14cm
□ 소매 레이스 ··· 0.4cm폭 × 11cm
□ 소매 리본 ··· 0.2cm폭 × 25cm
□ 앞 중심 장식 리본 ··· 1.5cm폭 × 22cm
□ 장식 리본 레이스 ··· 0.6cm폭 × 10cm
□ 접착심지 ··· 적당량
□ 뒤트임 단추(지름 0.4cm) ··· 4개

How to make 블라우스

① 앞 요크에 핀턱을 잡는다. 레이스를 박음질한다.
② 앞 요크 시접을 접고, 앞 몸판과 레이스, 앞 요크를 겹쳐 박음질한다.
③ 뒤 몸판의 뒤 중심을 박음질한다.
④ 앞뒤 몸판의 다트를 박음질한다.
⑤ 앞뒤 몸판의 어깨를 꿰매 붙인다.
⑥ 소매를 박음질한다.
⑦ 소매 주름 위치에 주름을 잡고, 레이스를 박음질한다.
⑧ 소매산에 주름을 잡고 몸판에 꿰매 붙인다.
⑨ 깃 바깥쪽을 박음질한다.
⑩ 깃의 목둘레 쪽에 주름을 잡고, 몸판과 블라우스 깃 안단 사이에 끼워 꿰매 붙인다.
⑪ 몸판 목둘레 시접에 가위집을 내고, 블라우스 깃 안단을 안으로 뒤집는다. 깃과 안단의 뒤 중심 시접을 안쪽으로 접어 뒤 몸판 중심에 각각 감친다.
⑫ 깃 안감은 시접이 들뜨지 않도록 안쪽에서 몇 군데 감친다.
⑬ 옆선을 꿰매 붙인다.
⑭ 옷단에 레이스를 박음질하여 단다.
⑮ 장식 리본을 만들어 앞 중심에 단다.
⑯ 소매 레이스에 리본을 끼운다.
⑰ 뒤트임에 단추를 달고, 실 루프를 만들어 단다.

1

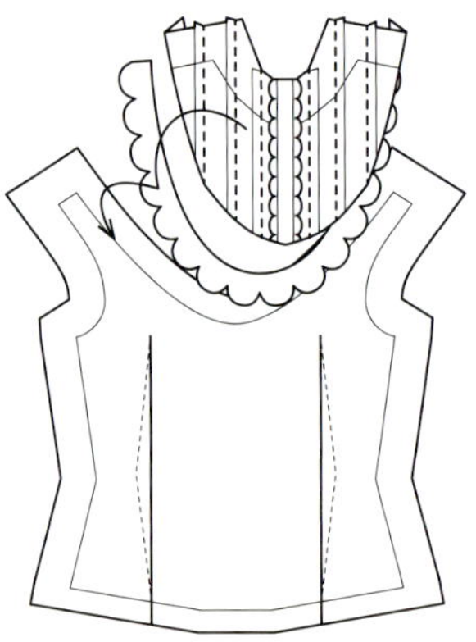

2

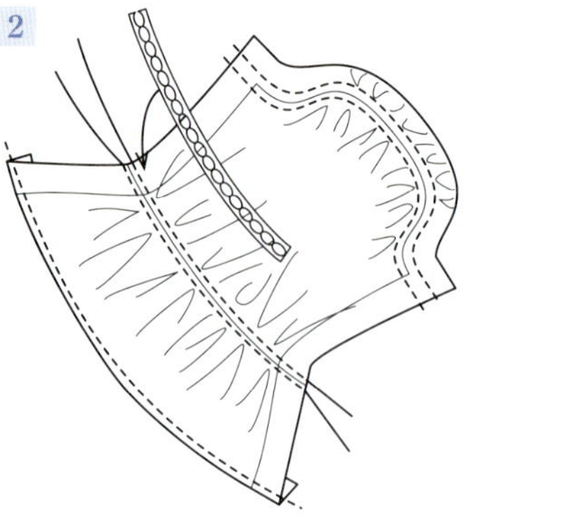

3

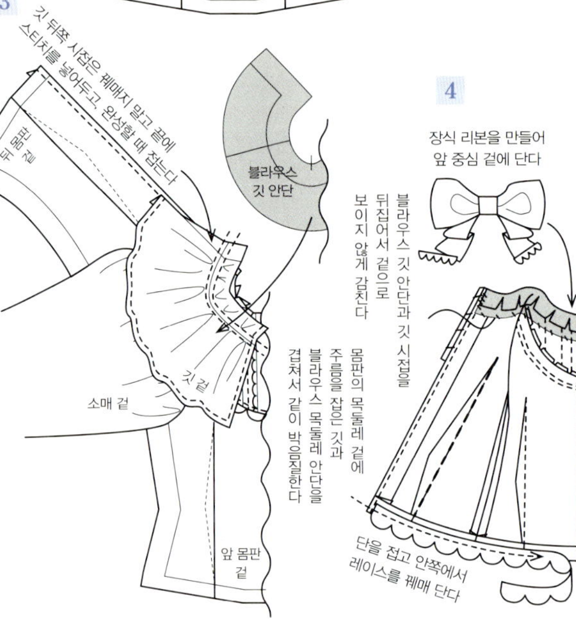

4

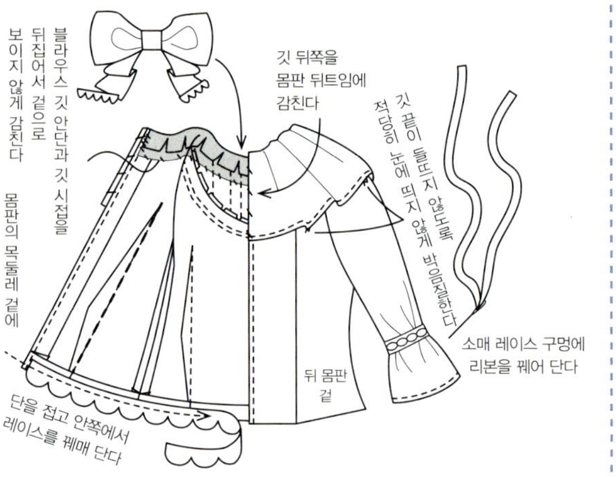

material 바지

(가로×세로)

□ 실크 무늬 있는 원단 ··· 15cm × 15cm
□ 겉주머니감, 털 원단 ··· 6cm × 4cm
□ 안주머니감, 면 론 ··· 6cm × 4cm
□ 멜빵용 리본 ··· 0.4cm폭 × 27cm
□ 스웨이드 테이프 ··· 0.2cm폭 × 8cm
□ 접착심지 ··· 적당량
□ 뱅글 ··· 2개
□ 삼각 링 ··· 1개
□ 장식 단추(지름 0.3cm) ··· 2개
□ 뒤트임 단추(0.4cm폭) ··· 2개

How to make 바지

① 안주머니감과 바지 앞판 주머니 입구를 같이 꿰매 붙이고, 겉으로 뒤집어 스티치를 넣는다.
② 겉주머니감과 안주머니감을 겹쳐, 바닥 부분을 박음질한다.
③ 바지 앞판의 앞 중심을 꿰매 붙인다.
④ 바지 뒤판에 뒷주머니를 만들어 붙인다.
⑤ 바지 뒤판에 접착심지를 붙이고, 중심을 트임 끝까지 접어 다림질한다.
⑥ 바지 앞판과 뒤판 옆선을 박음질하여 붙인다. 시접은 뒤쪽으로 접어 스티치를 넣는다.
⑦ 바짓단을 접어 다림질한다. 바짓단에 주름을 잡고, 덧댈 천의 한쪽을 꿰매 붙인다.
⑧ 허리 벨트는 완성선대로 접어 다림질한다. 허리와 허리 벨트 한쪽을 꿰매 붙인다. 시접을 감싸듯 접어 안쪽에서 감친다.
⑨ 허리 벨트부터 뒤 중심 트임 끝까지 스티치를 넣는다.
⑩ 뒤 중심 트임 끝부터 가랑이를 겉면이 마주 보도록 겹쳐서 박음질한다.
⑪ 바짓단 덧대는 천은 바짓단 시접을 감싸듯 안쪽으로 접어 안쪽에서 감친다.
⑫ 뒤트임에 단추를 달고, 실 루프를 만들어 단다.
⑬ 멜빵을 만들어 바지에 꿰매 단다. 장식 단추를 단다.

1

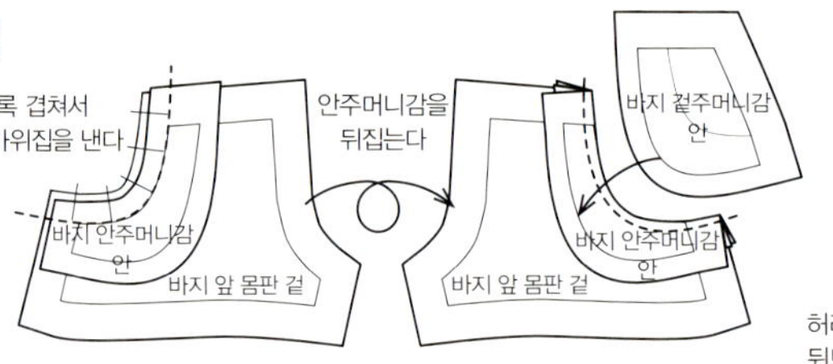

2

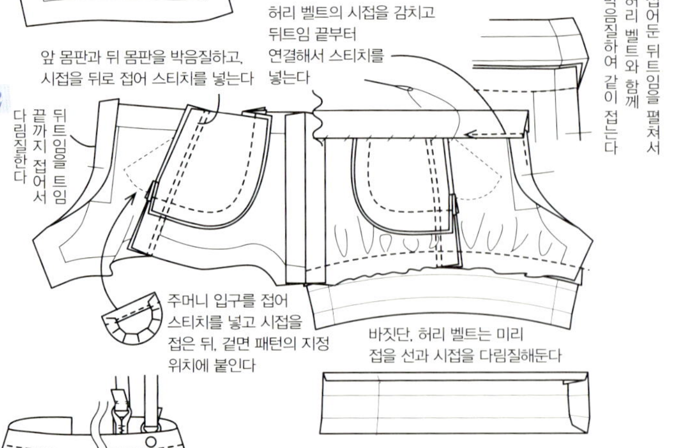

3

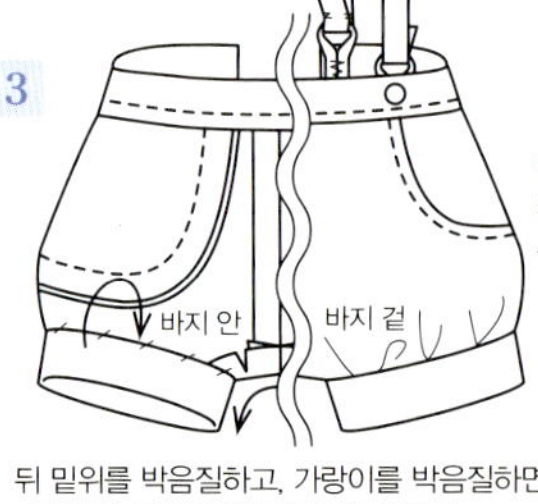

뒤 밑위를 박음질하고, 가랑이를 박음질하면
바짓단에 덧댄 천을 뒤집어서 감친다

양말과 슈슈는 패턴지를 참고

material 원피스

(가로 × 세로)
- 면 론 ··· 30cm × 20cm
- 비즈(지름 0.3cm) ··· 2개

How to make 원피스

① 몸판 뒤트임에 접착심지를 붙인다.
② 목둘레와 안단 천을 겉면이 마주 보도록 겹쳐서 목둘레를 박음질한다. 시접에 가위집을 내고 겉으로 뒤집는다. 안단 천에 새발뜨기한다.
③ 몸판 다트와 치마 다트를 박음질한다.
④ 소매산에 주름을 잡고, 소매를 몸판에 꿰매 붙인다. 시접은 소매 쪽으로 접는다.
⑤ 소매 입구에 주름을 잡고, 커프스를 꿰매 붙인다.
⑥ 몸판 허리에서 치마를 겉면이 마주 보도록 겹쳐서 박음질한다. 시접은 펼친다.
⑦ 몸판을 겉면이 마주 보도록 겹쳐서 소매 입구~옆선, 몸판~치마를 박음질한다. 시접은 펼친다.
⑧ 뒤 중심을 뒤트임 끝까지 박음질하고 시접은 펼친다. 옷단을 접고 새발뜨기한다.
⑨ 뒤트임에 실 루프를 만들어 달고 비즈를 단다.

* 옷단과 뒤 중심 외에 시접은 박음질하고, 3mm폭으로 잘라낸다.

1
안쪽에 접착심지를 붙인다
깃 안단
몸판 겉
F

2
안단과 함께 접은 뒤트임의 시접을 펼친 다음 뒤 치마와 꿰매 붙이고 시접을 펼친다
뒤 치마 안
다트를 넣는다
소매산과 소매 입구에 주름을 잡아 겉면이 마주 보도록 겹쳐 커프스를 단 다음 몸판 소매둘레에 겉면이 마주 보도록 겹쳐 꿰매 붙인다
소매 겉
소매 커프스
깃 안단
안단을 새발뜨기하여 고정한다
몸판 안
소매에서 몸판, 치마까지
소매 커프스에서 옆선까지
시접을 펼친다
앞 치마 안
앞뒤 몸판의 옆선은 소매 쪽과 몸판 쪽을 따로 박음질한다(시접이 2번 박음질 되지 않았으므로 겨드랑이에 가위집을 내지 않아도 됨)

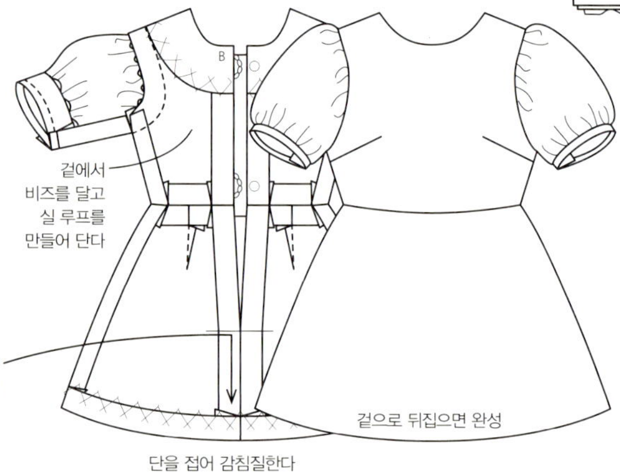

3
겉에서 비즈를 달고 실 루프를 만들어 단다
뒤트임을 트임 끝까지 박음질하고 시접을 펼친다
단을 접어 감침질한다
겉으로 뒤집으면 완성

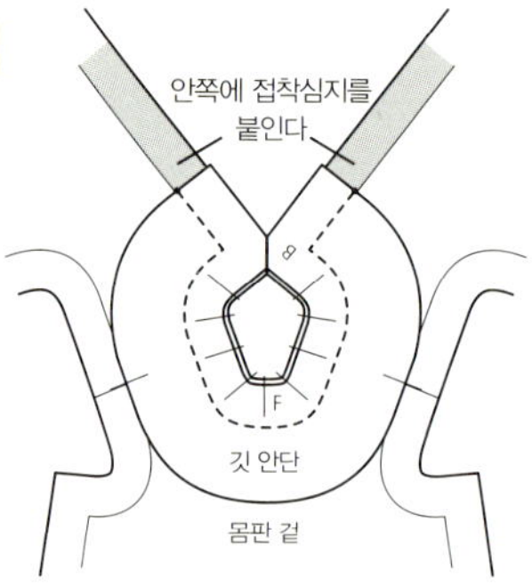

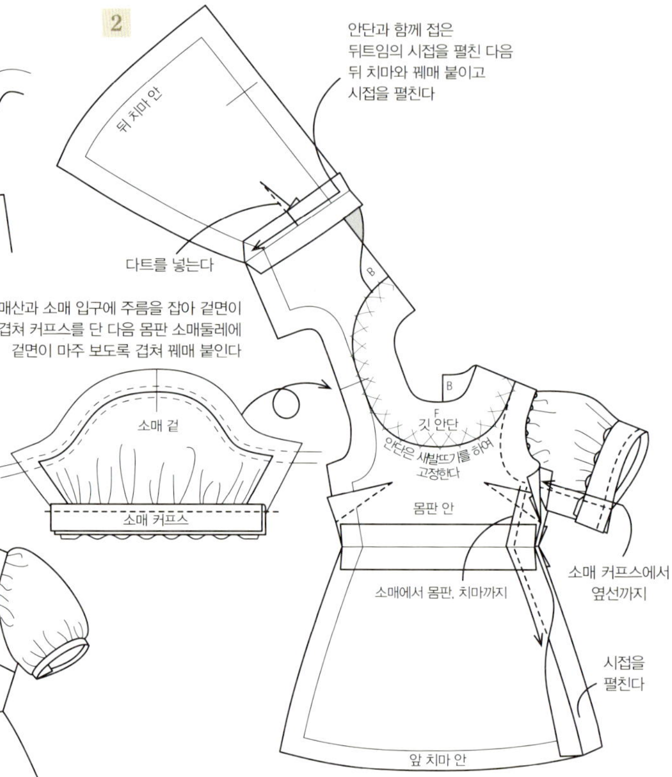

material 앞치마

(가로 × 세로)
- 면 론 ··· 30cm × 20cm
- 비즈(지름 0.3cm) ··· 1개
- 자수실 ··· 적당량
- 30번수 재봉틀 실(단 스티치용) ··· 적당량

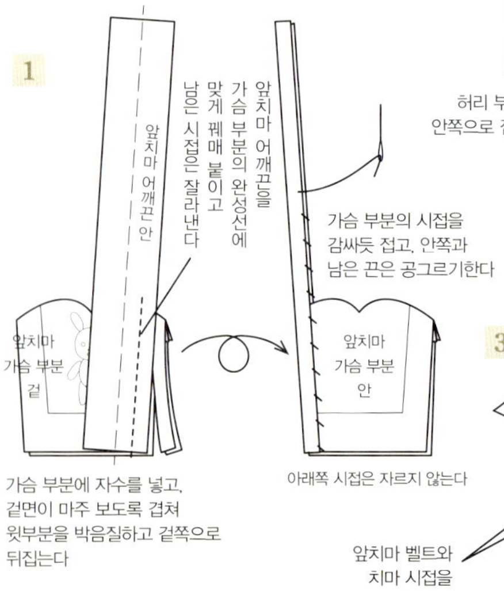

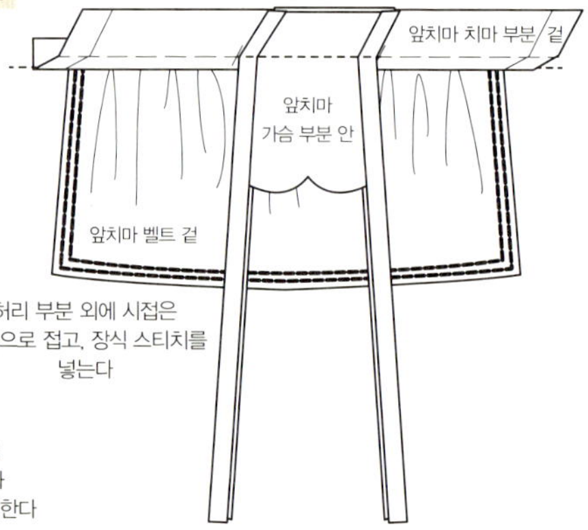

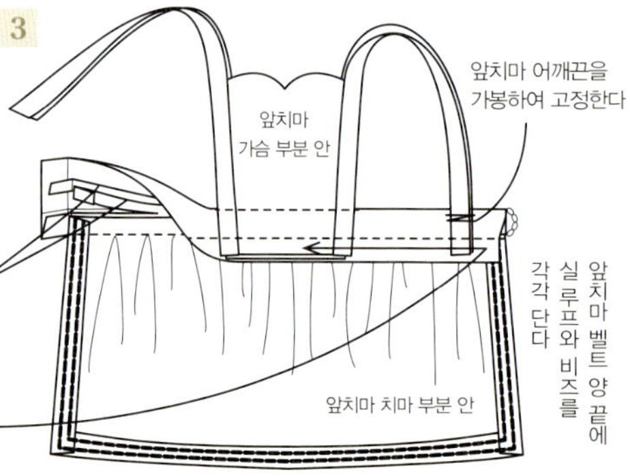

How to make 앞치마

① 원단에 토끼 자수를 넣고, 패턴에 맞게 재단한다.
② 가슴 부분을 겉면이 마주 보도록 겹쳐, 위 하트 라인을 박음질하고 겉으로 뒤집는다.
③ 가슴 부분에 어깨끈을 꿰매 달고, 시접을 공그르기한다.
④ 치맛단 시접을 뒤집어서 스티치를 2줄 넣고, 허리에 주름을 잡는다.
⑤ 벨트와 가슴 부분, 어깨끈을 치마에 꿰매 단다.
⑥ 실 루프를 만들어 달고 비즈를 단다.

* 단 외의 시접은 박음질하고, 3mm폭으로 잘라낸다.

1
앞치마 어깨끈 안
가슴 부분에 자수를 넣고, 겉면이 마주 보도록 겹쳐 윗부분을 박음질하고 겉쪽으로 뒤집는다
앞치마 어깨끈 완성선에 맞게 꿰매 붙이고 남은 시접은 잘라낸다
앞치마 가슴 부분 겉
가슴 부분의 시접을 감싸듯 접고, 안쪽과 남은 끈은 공그르기한다
앞치마 가슴 부분 안
아래쪽 시접은 자르지 않는다

2
앞치마 벨트에 주름을 잡은 치마 부분과 가슴 부분을 꿰매 붙이는데, 이때 겉과 안 방향에 주의한다
앞치마 치마 부분 겉
앞치마 벨트 겉
앞치마 가슴 부분 안
허리 부분 외에 시접은 안쪽으로 접고, 장식 스티치를 넣는다

3
앞치마 어깨끈을 가봉하여 고정한다
앞치마 벨트와 치마 시접을 3mm로 잘라낸다
앞치마 벨트를 접어 겉에서 벨트 가장자리를 따라 스티치를 넣는다
앞치마 치마 부분 안
앞치마 벨트 양쪽에 각각 실 루프와 비즈 단

---

material 양말

(가로 × 세로)
- 80데니어 타이즈 ··· 13cm × 13cm
- 고무 레이스 ··· 12cm

How to make 양말

① 양말 입구 쪽 겉면에 고무 레이스를 박음질한다.
② 겉면이 마주 보도록 겹쳐 박음질한다.
③ 시접을 3mm로 잘라내고 겉쪽으로 뒤집는다.

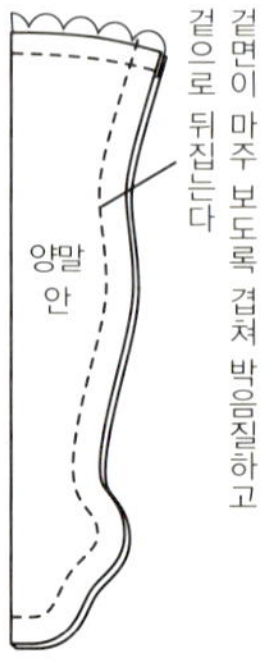

양말 입구 쪽 겉면에 고무 레이스를 단다
양말 겉
양말 안
겉면이 마주 보도록 겹쳐 박음질하고

Doran Doran

OUTFIT : Sweet pea
MAKE UP : Atomaru

OUTFIT : Madam Mikako
MAKE UP : Atomaru

Doran Doran을 구하기 힘든 이유는? 이 질문의 답은 단순하다. 작가가 전 공정을 거의 혼자서 만들기 때문이다. 한국에서 PVC인형 개발을 하는 아토마루Atomaru 씨에게 Doran Doran의 제작 과정을 물었다.

DoranDoran
이 만들어지기까지

운 인형을 만들어야겠다고 생각했어요. 보디는〈엑스☆큐트〉나〈네오 브라이스〉등을 참고하여, 수지 점토와 퍼티로 제작했죠. 얼굴은 보편적으로 귀여운 느낌을 지향했고, 페인팅으로 다양한 인상을 줄 수 있도록 제작했습니다. 발 크기는 시판 중인 육일돌 사이즈의 신발을 신을 수 있도록 여러 차례 수정에 수정을 거듭했어요. 인형은 PVC(폴리염화비닐)로 양산하면 원형보다 약간 작아지기 때문에 축소율을 고려해서 제작하는 부분이 어려웠죠. 최종적으로 양말을 신긴 상태에서, 시판하는 육일돌 사이즈 신발을 신길 수 있게 되어 다행이라 생각해요. 부품은 팔, 다리가 좌우 1개씩이고, 동체는 가슴 아래에서 절개한 상하 2개로 나뉘어 있습니다. 그리고 헤드 1개를 포함하여 모두 7개 부품으로 구성되어 있어요. 이렇게 해서 2011년 봄에 Doran Doran 보디가 완성됐습니다.

● 계기

학창시절 미술 계열 학교에서 조각을 전공했지만 그때는 인형에 흥미가 없었고, 졸업 후 미술 교사가 되려고 공부했습니다. 공부하던 중 조형 하청 아르바이트를 했고, 한 인형 회사에서 인형 소체를 2~3가지 제작하게 되었어요. 모두 비교적 큰 사이즈인 구체관절 인형BJD, Ball-jointed doll이었죠. 소규모 회사라서 잘 팔리지는 않았고, 결국 재고로 남는 등 그다지 좋은 성과는 없었습니다. 그러나 이 일을 계기로 인형에 흥미를 느끼게 됐어요.

● 인형 제작 시작

직접 인형을 만들려고 했을 때 크기가 큰 BJD보다 리카 같은 작고 다루기 쉬

Doran Doran

OUTFIT : Atomaru
MAKE UP : ESTEBEBE

OUTFIT : Sweet pea
MAKE UP : Madam Mikako

되는 게 포인트입니다.

● 얼굴 만들기

보디와 함께 헤드 만들기도 시작했습니다. 하지만 최대한 완벽한 헤드를 만들려다 보니, 보디보다 훨씬 많은 시작품이 나왔어요. 작업대에 제가 좋아하는 〈momoko DOLL〉이나 〈포켓 페어리〉 등의 인형 사진을 붙여두기도 했죠. 심지어 귀여운 모델이나 여자아이 얼굴 사진, 이미지 일러스트 등도 붙여두고 머릿속에서 어떤 얼굴로 만들지를 고심하며 작업했습니다. 눈이 약간 올라간 아이, 윤곽이 뚜렷한 아이, 귀가 뾰족한 아이 등 많이 만들었지만, 최종적으로 비교적 동그란 인상의 얼굴이 되었어요. 콧구멍을 만들었고, 두툼한 입술과 약간 올라간 입꼬리가 특징입니다. PVC 복제 헤드가 도착하자마자, 바로 여러 패턴으로 얼굴을 그렸어요. 페인팅에 따라 다양한 인상으로 변한다는 것을 알고 무척 마음에 들었죠. Doran Doran은 노페인팅 버전도 판매하고 있으니까 꼭 한번 자신만의

● 보디 구조

Doran Doran의 팔다리에는 철사(수지를 입힌 와이어)가 들어있어서 팔을 구부리거나 다리를 교차하는 등 간단한 자세를 취할 수 있습니다. 팔은 구부리기 편하도록 PVC 소재와 같은 강도로 바꿨기 때문에 팔꿈치를 구부리는 것도 가능합니다만, 아무래도 실루엣은 조금 찌그러질 수밖에 없습니다. 하지만 그 부분에서는 크게 신경 쓰지 마시고 리카처럼 편하게 다양한 자세를 즐길 수 있으면 좋겠습니다. 다리는 신발을 신은 상태에서 자립할 수 있도록 보디와 같은 강도의 소재를 사용했습니다. 앉았을 때 다리가 벌려지지 않는 관절 구조로 만들었으며, 짧은 치마가 잘 어울리도록 통통하고 매끈한 다리로 만든 것이 포인트예요. 마지막으로 가장 신경 쓴 부분이자 자랑하는 부분은 목 관절입니다. 보디 쪽 목 윗부분을 반구형으로 만들고, 헤드 쪽은 그 반구에 딱 맞도록 안으로 동그랗게 팠습니다. 이런 모양이라서 전후좌우, 원하는 방향으로 얼굴을 돌릴 수 있게 됐습니다. 헤드가 가벼운 데다, 같은 PVC 재질이라서 마찰로 인해 돌린 방향 그대로 유지가

Doran Doran

▲마스크 도장이 끝나면, 여기서 확인하며 붓으로 하나씩 수정합니다.

▲팔다리에 넣을 와이어 자르기! 이 작업을 하면 손에 굳은살이 생겨요.

▲원형 제작은 이렇게 작은 공간에서 이루어집니다. 책상처럼 보이실 테지만, 실은 전자피아노예요!

▲마스크 도장으로 흐려진 라인을 붓으로 수정하면 또렷하게 마무리됩니다.

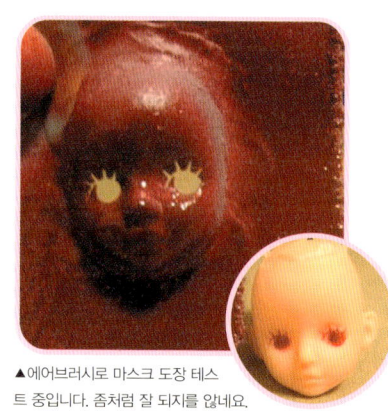
▲에어브러시로 마스크 도장 테스트 중입니다. 좀처럼 잘 되지를 않네요.

▲식모 샘플 만들기에 고군분투 중입니다. 목덜미 쪽으로 더 내리고 싶은데, 목 구멍 쪽에서 바늘이 안 빠지네요.

▲신발도 하나씩 입구를 다듬어 마무리합니다. 정말 손이 많이 가는 작업이에요!

▲100체 분의 페인팅용 도료입니다. 색 차이가 생기지 않도록 한 번에 많이 만들어두죠.

▲시작품 보디 부품을 조립하는 중이에요. 각 부품을 다듬은 다음 드라이어로 따뜻하게 하여 끼웁니다.

과 다리는 와이어 자르는 일이 무척 힘들어 손에 굳은살이 생긴답니다) 의상을 입히고, 머리 캡을 씌워 상자에 넣으면 완성입니다. 지금은 몇몇 지인이 도와주지만, 그 전까지는 혼자 작업했던 탓에 Doran Doran 생산량은 적을 수밖에 없었죠.

● 일본 판매

Doran Doran은 2011년 가을 일본 〈I-Doll〉에서 전시 판매했습니다. 그때 회장에 방문하신 여러분께 큰 호평을 받아, 언젠가 일본 판매를 하고 싶다고 생각했습니다. 하지만 제가 일본어를 못해서…. 이번에 『돌리버드 22호』에서 특집을 내준 덕에 유명한 일본 작가 분들의 의상과 커스텀으로 변신한 Doran Doran을 보고 무척 기뻤어요.

페인팅으로 즐겨주시면 좋겠습니다. 눈 형태와 쌍꺼풀 중간까지 새겨져 있어서, 초보자라도 페인팅하기 편할 거예요.

● 개인 생산의 벽

Doran Doran은 PVC 복제를 개인이 하기에 무리가 있으므로 공장에 외주를 보냅니다. 하지만 그 외 작업은 거의 저 혼자 만들고 있어요. 가장 힘든 부분은 페인팅입니다. 직접 하나하나 페인트하고 있거든요. 도장용 마스크를 만들어서 최대한 똑같이 만들도록 노력하고 있습니다만, 아무래도 약간씩 달라질 수밖에 없어서 힘이 드네요. 헤어는 직접 식모 샘플을 만들어 '미싱 식모 장인'에게 의뢰합니다. 커트나 파마, 땋은 머리 등 스타일링은 직접 하고요. 의상도 마찬가지로 직접 샘플을 만들어 생산하고 있어요. 그리고 Doran Doran에게 딱 맞는 신발도 직접 만든 뒤, 컬러 PVC로 복제합니다. 완성된 헤드와 보디 부품을 조립하고,(팔

Doran Doran

How to Order!

앨리아라 ALLY ARA를 소개합니다!
많은 팬들이 기다리던 아토마루 작가의 새 모델을 발표합니다.
아토마루 홈페이지에서 판매 예정입니다.

'ALLY ARA'
- 가격 / 195,000원
  (본체 + 부가세 포함)
- 제조 · 판매 / Atomaru (대한민국)
- 내용 / PVC 인형 본체, 의상, 신발

I'm waiting for your order ♥

Attention for shopping

아토마루 작가의 홈페이지입니다 ♥
http://www.atomarudoll.com

- http://blog.naver.com/clayer
- www.instagram.com/atomarudoll

『돌리버드』한국어판의 포문을 『돌리버드_Tiny Dolls』가 엽니다!
여러분도 잘 알다시피 아토마루 작가의 Doran Doran이
일본어판 『돌리버드 vol.22』의 표지를 장식한 바 있지요.

이 자리를 빌어 아토마루 작가의 미 발매 신작을 공개합니다.
2017년 11월 30일에 판매 개시할 앨리아라 ALLY ARA는
약 19.6cm의 키에(구두 포함) 웨이브 블론드 헤어, 체크 레이스 원피스를 입고 있어요.

스카이 블루와 아몬드 빛깔 눈동자와
형광 핑크 빛깔로 위로 치켜 올라간 특유의 입매는
앨리아라의 사랑스럽고 청순한 모습을 더욱 도드라지게 합니다.

앨리아라의 스카이 블루 아이와 똑같은 색감의
블루, 화이트 체크&레이스 원피스는 앨리스 고유의 이미지를 잘 살리고 있고
검정 레이스와 리본으로 포인트를 주어 고급한 느낌도 뿜어냅니다.
레이스와 리본과 같은 색상의 검정 메리제인 슈즈와
투명 은사 양말은 앨리아라 스타일링에 포인트입니다.

[상품 판매]
- 본 상품의 판매 개시는 2017년 11월 30일부터입니다.
- 아토마루 작가의 홈페이지에서 주문 받습니다.
- 작품 수량이 소진될 때까지 판매됩니다.

[주의사항]
- 이 제품은 거의 모든 공정을 작가 혼자 작업하여 생산하기 때문에 미묘한 차이가 날 수 있습니다. 미리 양해바랍니다.
- 의상 및 소품은 디자인을 중시하여 섬세하게 만들어졌습니다. 취급하실 때 주의하시기 바랍니다.
- 강한 마찰로 인해 인형 도장이 벗겨질 수 있습니다. 주의하시기 바랍니다.
- 스탠드는 포함되지 않습니다.
- 구입 및 배송, 취급 등에 대한 내용은 홈페이지에서 일대 일 문의 하시기 바랍니다.

[발매일]
2017년
11월 30일(목)

※ 앨리아라의 구입 문의는 호비재팬이 아닌 아토마루 작가에게 하십시오.

야코 푸치 돌

Yako Petite Doll

마드모아젤 야코의

푸치 돌이에요!

▶ 체크무늬 요리사 모자가 귀여워요.
신발은 리카 사이즈가 딱 맞죠!
〈키친 다이너 드레스 세트〉

인스타그램과 블로그에서 자주 볼 수 있는 인형, 궁금하신 분들도 많죠. 〈야코 푸치 돌〉은 도쿄 쿠라마에에 매장을 낸 '마드모아젤 야코' 씨가 만드는 인형입니다. 패브릭 보디로 사이즈는 미디보다 약간 작고, 의상과 신발을 갈아입히며 즐길 수 있어요. 동유럽 아줌마가 만든 것처럼 소박하고 복고적인 디자인과 수공예의 무한한 변화가 컬렉터의 욕구를 자극합니다.

▲ 2015년도 작품은 갈색 피부의 〈치비쿠로Yako〉. 화려한 그린 아이섀도가 눈길을 끕니다.
〈트로피칼 드레스 세트〉
〈바구니 가득 과일 머리 드레스〉

▲ 고양이 귀 액세서리는 핀으로 꽂아 고정합니다.
머리 위 모루Mogol 인형은 S 사이즈 쥐예요.
〈흰 고양이 드레스 세트〉

▲ 안경과 모자를 쓴 교복 세트입니다.
여러 개를 모아놓으면 귀여움이 배가 됩니다!
〈기숙학교 교복 세트〉

Mademoiselle Yako
http://yaplog.jp/mademoiselle-y/

야코 푸치 돌

Let's Try!

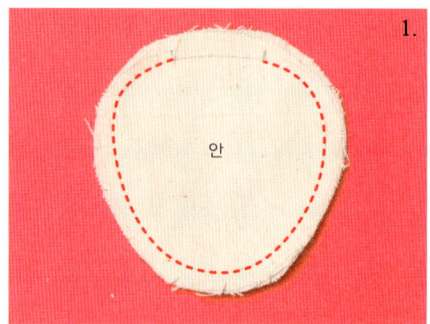

4.

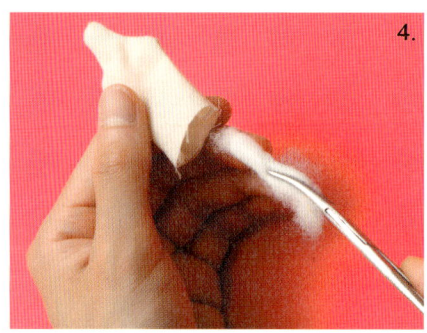

1.

패턴을 원단에 옮겨 그리고, 시접은 5mm로 재단한다. 얼굴 부분 2장을 겉면이 마주 보도록 겹쳐 창구멍을 남기고 박음질한다. 시접에 가위집을 낸다.

철사는 튀어나오는 부분이 없도록 솜으로 꼼꼼히 감싸서 목 부분에 넣는다. 남은 부분에도 솜을 가득 채운다.

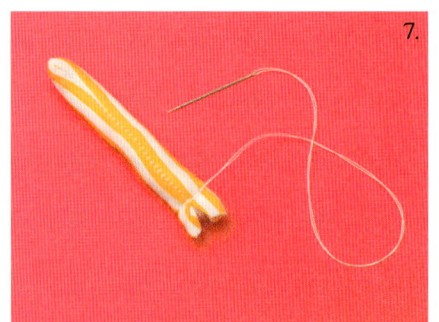

7.

다리 부분의 뒤집은 창구멍은 시접을 낸 채로 꿰맨다.

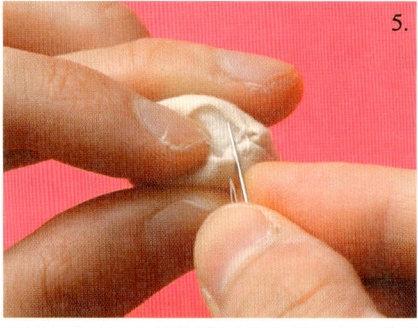

5.

겉에서 눌러도 들어가지 않을 만큼 솜을 꽉 채웠으면, 뒤집은 창구멍의 시접을 안쪽으로 접어 공그르기하여 마무리한다.

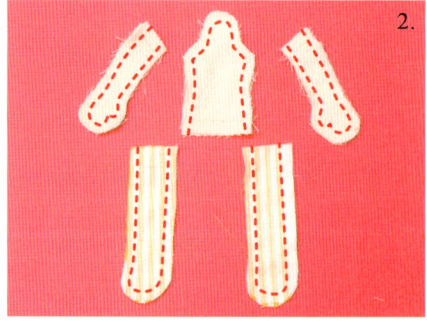

2.

보디 부분도 같은 방법으로 창구멍을 남기고 박음질하고, 시접에 가위집을 낸다.

8.

모든 부품에 솜을 가득 채우는 것이 포인트. 얼굴과 팔의 뒤집은 창구멍은 보디와 같은 방법으로 시접을 접어 공그르기한다.

6.

다리 등의 얇은 부분은 뒤집을 때 꿰맨 부분이 풀리지 않도록 주의한다. 겸자 가위로 솜을 많이 잡아 안쪽으로 단숨에 밀어 넣는다.

3.

보디 목 부분에 넣을 와이어를 준비한다. 10cm 정도 길이로 자른 철사를 사진처럼 8자로 구부린다.

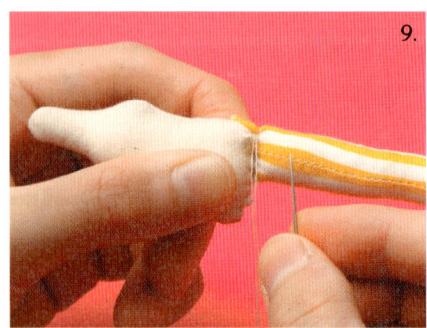

9.

보디 엉덩이 부분에 다리 시접을 겹치고 단단히 꿰매 붙인다. 오른쪽 다리도 같은 방법으로 붙인다.

Yako Petite Doll

material

(가로 × 세로)
- 보디용 시팅 원단(염색 전 생지) … 20cm × 15cm
- 다리용 면(무늬 있는 것) … 7cm × 15cm
- 팬티용 면 론 … 10cm × 5cm
- 모헤어 털실
- 바늘, 실
- 초크 펜슬
- 송곳
- 겸자 가위
- 가위
- 솜
- 올풀림 방지액
- 아크릴 물감
- 스펀지 붓
- 붓
- 철사

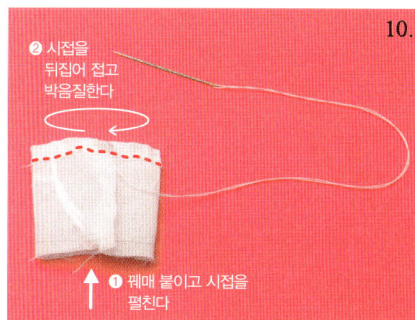

팬티는 겉면이 마주 보도록 접어 양 끝을 꿰매 잇는다. 시접을 펼친다. 단 쪽의 시접만 뒤집어 접고 박음질한다.

머리는 뒤통수 아래 중심에 송곳으로 구멍을 뚫는다. 가위로 구멍을 약간 더 내고, 솜을 더 넣어 얼굴 부분이 부풀도록 한다.

초크 펜슬로 앞머리, 눈, 입을 그린다.

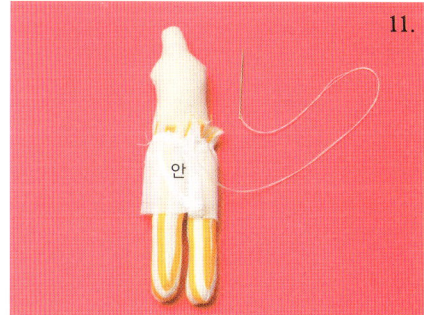

팬티 뒤 중심을 엉덩이 쪽에 두고 다리와 다리 사이에서 팬티 앞뒤를 꿰매 잇는다. 그 다음 다리를 붙인 부분에서 팬티를 감친다.

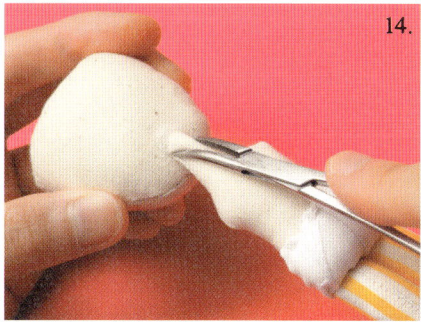

머리 구멍에 보디 목을 끼워 넣는다. 목에 와이어를 넣어서 흔들리지 않고 단단히 고정된다.

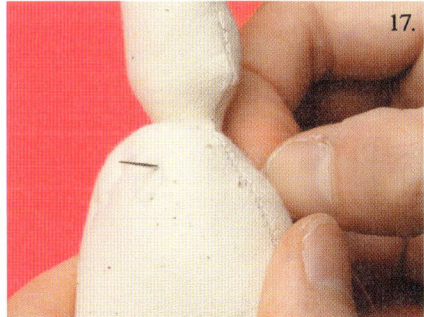

눈 앞부분과 눈꼬리 부분, 입꼬리를 뒤통수에서 바늘을 꽂아 작은 스티치를 만들어 살짝 표시해둔다.

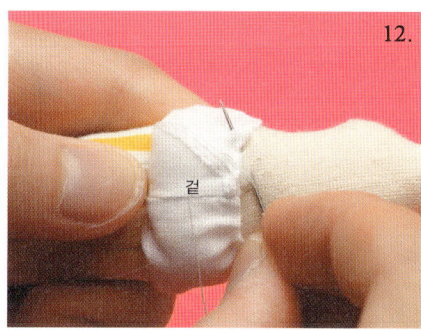

팬티를 위(겉)로 뒤집어 올리고 허리 시접도 뒤집어 접어 박음질한다. 그 다음 몸통에 꿰매 단다.

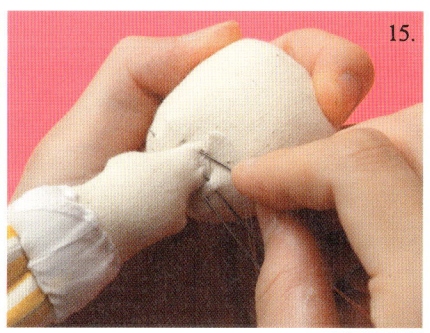

목을 안쪽으로 깊숙이 넣었으면 시침핀으로 고정하고, 주변을 감친다.

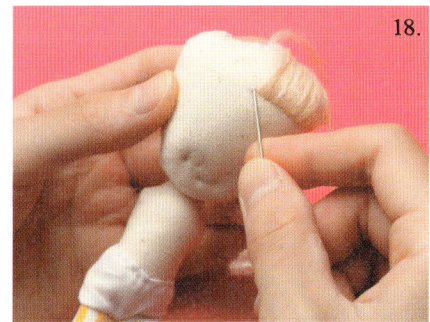

두꺼운 바늘에 모헤어 털실을 끼워 2줄로 잡고 앞머리를 꿰매 만든다.

Yako Petite Doll

25.

이번에는 붓에 아크릴 물감을 묻혀 눈 흰자위(흰색)와 입술(빨강+살구색)을 그린다. 마르면 눈동자(검정), 눈썹, 입꼬리(짙은 갈색), 코(살구색)를 그린다.

22.

머리에 고정된 털실을 한 묶음씩 실로 걸어 뒤통수에 꿰매 붙인다.

19.

털실을 적당한 길이(40~50cm)로 8줄 정도 겹치고 끝에서 4cm 정도 남기고 묶는다.

26.

눈동자 위에 하늘색 아이라인을 그리고, 마르면 속눈썹(검정), 눈동자 하이라이트(흰색)를 그려 넣어 페인팅을 마무리한다.

23.

보브 헤어 완성. 취향에 따라 올림머리 등으로 변화를 준다.

20.

19에서 만든 털실을 정수리 부분에 얹고, 묶은 부분을 머리에 꿰매 붙인다.

27.

보디 어깨 위치에 팔을 꿰매 달면 야코 푸치 돌 완성.

24.

스펀지 붓에 아크릴 물감을 묻혀 두드리듯 아이섀도(하늘색+흰색)와 볼 터치(핑크+살구색)를 넣는다.

21.

털실의 긴 부분을 4cm 정도 되는 길이에서 접어, 정수리 부분에서 꿰매고 다시 접어 꿰맨다. 이 과정을 반복.

Yako Petite Doll

야코 원피스

material

(가로 × 세로)
- 면 원단(원하는 무늬) … 5cm × 30cm
- 스트레칭 프릴 리본 … 1.2cm폭 × 9cm
- 레이스 … 1cm폭 × 21cm
- 비즈 또는 스냅 단추 … 1쌍
- 새틴 리본 … 적당량

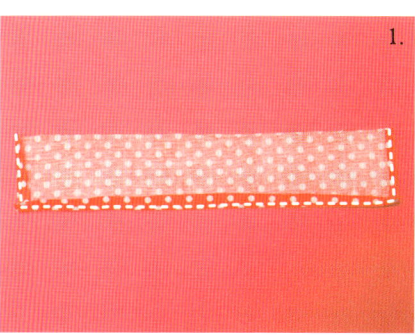

1. 패턴을 원단에 옮겨 그리고 시접은 5mm로 재단한다. 치마 좌우와 단 시접을 접어 스티치를 넣는다.

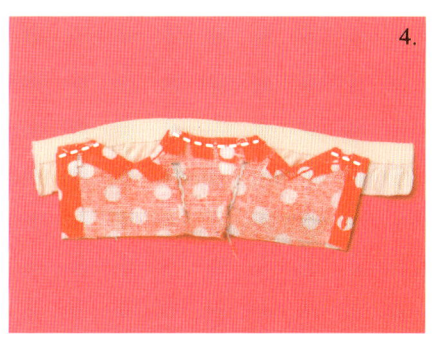

4. 스트레칭 프릴 리본을 겉면에 겹친다. 소매둘레를 제외한 몸판 앞과 뒤를 박음질한다.

7. 시접은 위로 접고, 몸판 쪽 허리에 눌러 박듯 스티치를 넣는다.

2. 원단 겉면에서 단에 레이스를 꿰매 단다.

5. 치마허리 부분의 시접을 시침질하고 실을 잡아당겨 주름을 잡는다.

8. 치마 뒤 중심을 트임 끝까지 박음질한다. 가슴에 리본 장식을 단다. 뒤트임에 비즈를 달고 실 루프를 만들거나, 스냅 단추를 달면 완성.

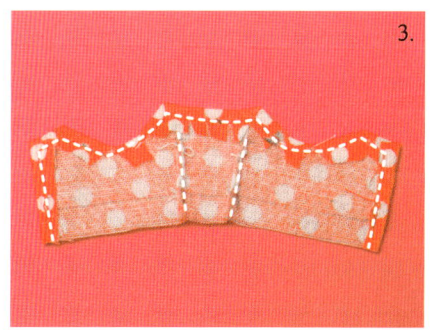

3. 몸판 다트를 박음질한다. 허리를 제외한 나머지 부분의 시접을 접는다. 시접에 가위집을 내고, 스티치를 넣는다.

6. 몸판 허리와 치마허리 폭을 맞추고 완성선에서 박음질한다.

9. 야코 푸치 돌에 입히고 머리에 리본을 달면 끝.

S size

S 사이즈는 대략 2.5~4cm 입니다. 브라이스 같은 육일돌이 들었을 때 손바닥보다 조금 큰 인형 느낌이 납니다.

헝가리 작은 공방에서 50년 전부터 만들어진 작은 동물들. 전부 모루로 만들었어요. 크기는 S부터 LLL(더 큰 것도 있습니다)까지 다양하고 자유자재로 구부릴 수 있어, 돌 커스텀에 매우 좋습니다. 수공예 나름의 미묘한 차이가 있기 때문에 수집욕구를 자극하지요. 하지만 아쉽게도 2011년에 생산이 중단됐습니다. 여기서는 모루 인형을 수입하는 〈Biscuit〉의 컬렉션을 소개합니다.

* 게재된 모루 애니멀은 『돌리버드』 2015년 여름호에서 판매했을 때의 재고와 가격(부가세 불포함)입니다. 재고가 떨어지면 판매가 종료됩니다. 미리 양해 바랍니다.
* 수공예라서 상품마다 조금씩 다를 수 있습니다. 장식이나 소재, 모양이 사진과 다를 수 있습니다.

사이즈 비교

▲ 고양이(마블)로 크기 비교. 왼쪽부터 LL, L, M, S 입니다. 높이는 LL이 대략 9cm이며, S가 2.5cm 정도입니다.

[고양이(마블, 베이지, 화이트, 그레이, 블랙)] 각 650엔
비즈를 단 반짝이는 눈이 무척 귀여운 작은 고양이입니다. 작지만 수염까지 디테일하게 표현했습니다.

[곰(브라운, 화이트)] 각 650엔
목에 리본을 단 곰입니다. 하얀 발에는 발바닥이 그려진 버전도 있습니다. 직접 그려 넣어도 좋겠네요.

[호랑이] 650엔
고양이와 거의 같은 크기의 호랑이. 노란 모루에 검은 잉크로 무늬를 그려 넣었습니다. 꼬리 끝까지 두껍고 튼실한 게 특징.

[쥐(그레이, 화이트)] 각 650엔
머리에 작은 리본을 단 쥐입니다. 혀를 살짝 내민 표정이 귀엽네요! 꼬리 끝을 가늘게 표현했네요.

[당나귀] 650엔
강아지와 거의 같은 크기의 미니 당나귀. 이마에 V자 모양의 갈기와 부드러운 꼬리털이 포인트입니다.

[벌] 650엔
언뜻 보면 무슨 동물인지 몰랐던 네 발 달린 벌입니다. 머리에는 더듬이, 등에는 날개를 달고 있어요. 엉덩이에 붙은 건 아마도 벌침…

[판다] 650엔
곰과 거의 같은 크기의 판다. 눈 주변을 검게 칠했습니다. 동그란 혀가 능청맞은 분위기를 내어 귀엽네요.

거의 실제 크기

[원숭이] 650엔
동글동글한 눈망울과 얼굴 옆에 수줍게 나온 귀가 귀여운 원숭이입니다. 긴 팔과 꼬리를 구부려서 인형 팔에 감아 즐길 수 있습니다.

[토끼(화이트, 그레이, 베이지)] 각 650엔
얇은 펠트로 귀를 만들어 단 토끼. 빨간색으로 살짝 그린 코가 귀엽네요. 통통한 꼬리로 균형을 잡고 있습니다.

[코끼리(그레이, 화이트)] 각 650엔
등에 빨간 펠트를 얹은 미니 코끼리입니다. 작은 비즈로 눈을 만들어 달았네요. 코 아래에는 같은 빨간 펠트로 입을 만들어 달았습니다.

[강아지(화이트, 블랙, 귀만 블랙, 점박이, 베이지, 귀 브라운)] 각 650엔
색과 무늬가 다른 강아지입니다. 머리에 단 리본의 유무와 색은 공방 아줌마(작업자) 기분에 따라 달라지는 것 같습니다.

[고양이(베이지, 블랙*판매 완료, 마블)] 각 950엔
수염과 꼬리를 한껏 치켜 올린 고양이입니다.
눈의 비즈 종류나 귀 색깔 등은
제작 시기에 따라 다를 수 있습니다.

M size

M 사이즈는 대략 5~8cm 입니다. 강아지나 고양이 등은 브라이스의 무릎 높이 정도로, 반려동물 같은 느낌이랍니다.

[송아지] 950엔
목에 꽃을 단 사랑스러운 송아지입니다.
일반적인 검은 무늬의 홀스타인과 다른
갈색 무늬 송아지입니다.

[다람쥐(흑갈색, 적갈색)] 각 950엔
귀 털까지 재현한 다람쥐입니다.
양손으로 꼭 안고 있는 건
공방 근처 숲에서 따온(?)
작은 솔방울.

[펑크 덕] 1,000엔
펑크가 좋은 건지, 수수께끼 오리입니다.
와일드한 모습(헤어 스타일)과 달리
꽃을 든 부드러운 표정이 귀엽죠.

[호랑이*판매 완료]
공방 작업자의 그림 혼 하나로 완성된
눈빛이 달라지는 비즈 눈을 가진 호랑이입니다.
대강 우스꽝스러운 얼굴로
완성돼버리고 말았어요.

[쥐(그레이, 화이트)] 각 950엔
S 사이즈보다 좀 더 커졌습니다.
치즈(스펀지 재질)를 든 쥐입니다.
머리 리본은 제작 시기에 따라
색이 변합니다.

[병아리] 1,000엔
만화 같은 눈가에 속눈썹도 그려져 있어요.
꽃을 든 병아리입니다.
튀어나온 부리와 머리에
뻗친 털이 귀엽습니다.

[고슴도치] 950엔
양쪽에 리본을 단
멋쟁이 고슴도치.
만화처럼 그려진 눈과 자세 덕분에
데즈카 오사무의 만화에 나오는 녀석 같네요.

[강아지(앉은 강아지, 테리어, 토이 푸들, 닥스훈트)] 각 950~1,000엔
테리어, 토이 푸들, 닥스훈트 등
M 사이즈 강아지는 종류도 많습니다.
공방에 강아지를 좋아하는 사람이 있었는지도….

[곰(브라운*판매 종료, 화이트), 판다] 각 950엔
인형다운 감성을 가진 체형이 귀엽네요.
곰과 우스꽝스러운 표정의 판다입니다.
발바닥은 펠트 타입과 그려 넣은 타입이 있습니다.

[강아지(블랙×화이트, 그레이, 점박이, 블랙, 화이트)] 각 950엔
검은 비즈로 만든 눈 때문인지 고양이보다 봉제 인형 같은 느낌이 강한 강아지.
헝가리에서는 가운데 점박이가 가장 인기가 많아요.

[원숭이(브라운, 베이지)] 각 950엔
긴 팔과 꼬리로 다양한 자세가 가능한 원숭이입니다.
특히 브라운은 얼굴 부분에 손이 많이 가기 때문에
색칠에 따라 표정이 달라지는 것이 유쾌합니다.

[황새(또는 학)] 950엔
M 사이즈 중에서 가장 키가 큰(약10cm) 새입니다.
주황색의 큰 부리와 긴 다리가 특징입니다.

[조랑말(그레이, 브라운, 베이지)] 각 950엔
동글동글한 실루엣이 미소를 자아내는 조랑말.
빨간 재갈 사이로 살짝 내민 혀가 귀엽네요.
울로 만든 긴 갈기가 포인트.

[두더지] 950엔
체코 출신의 인기 캐릭터
〈두더지 크루텍〉의 영향인지
비슷한 색을 가진 두더지입니다.
들고 있는 것은 삽일까요?

[펭귄] 950엔
마치 만화 캐릭터 같은 모습의
펭귄입니다. 2가지 색 모루를 사용해
보디를 만들었네요.
어떻게 만들었는지 신기할 따름입니다.

[늑대] 950엔
큰 귀와 두툼한 꼬리가
여우와 확연히 다른 차이를 보이는 늑대.
동그란 눈과 살짝 내민 혀 덕분에
묘하게 귀엽네요.

[기린] 950엔
이마에 달린 게 뭘까?
많은 궁금증을 불러일으킬 기린.
멋진 호랑이 같은 줄무늬 보디와
순진한 얼굴의 갭이 크네요.

[염소] 950엔
턱수염과 얼룩무늬 뿔이 특징인 염소.
보디의 점박이 무늬와 코는
검은 잉크로 페인팅 되어 있습니다.

[물범(화이트, 그레이)] 각 950엔
폭신한 머리와 쭉 뻗은 보디와의
격차가 큰 물범입니다.
수염 각도에 따라 표정이 달라 보여요.

[뱀] 950엔
울 모루라는 소재를 살려서
만든 뱀입니다.
사진은 똬리를 튼 상태지만
원하는 모양으로 변형할 수 있어요.

[코끼리(화이트, 그레이)] 각 950엔
S 사이즈에서 진화하여 와일드한 상아를
갖게 된 미니 코끼리입니다. 헝가리 동물원에서도
어린이들이 가장 좋아하는 동물이라고 해요.

거의 실제 크기

[캥거루] 950엔
동그란 얼굴과 살짝 내민 혀 귀여운 캥거루.
주머니에서 얼굴을 내민 새끼 캥거루는
고정되었으니, 주의하세요.

[오리(옐로, 화이트)] 각 1,000엔
오리, 하면 연상되는 게
해병이라는 건 전 세계 공통이네요.
펠트로 만든 두툼한 부리와
톡 튀어나온 엉덩이가 귀엽습니다.

[하마*판매 완료]
이미 다 팔려버려서
지금은 볼 수 없는 하마입니다.
큰 얼굴에서 삐져나온 이빨은
대나무 꼬챙이일까요?

[토끼(베이지, 그레이)] 각 950엔
눈 모양 때문인지, S 사이즈보다
캐릭터 같은 느낌이 강한 토끼입니다.
앞니는 종이. 리본 색은 랜덤입니다.

[개구리] 950엔
모루로 만들었다는 게 신기할 뿐 아니라,
감탄을 자아내는 근육 표현이 디테일한 개구리.
비닐 잎사귀 위에 앉아 있어요.

[여우(비즈 눈, 그린 눈)] 각 950엔
같은 여우라도 전혀 다른 2마리입니다.
비즈에 작은 눈동자를 그린 여우와
만화 같은 눈을 가진 여우네요.

[말] 1,200엔
조랑말보다 얼굴이 약간
더 긴 편인가? 라는
생각이 드는 말.
덥수룩한 꼬리와 갈기가
전혀 다른 느낌을 냅니다.

[원숭이] 1,200엔
긴 팔을 구부려서 즐길 수 있는 원숭이.
눈, 귀, 입을 가리는 자세를 한
3개들이 세트도 있어요.

[염소] 1,200엔
발굽과 뿔 그리고 점박이 무늬를
손으로 그린 염소. 이것도 각각
차이가 크게 납니다. 주황색 유리 눈
때문인지 눈초리가 매섭네요.

L size

L 사이즈는 대략 7~12cm
입니다. 브라이스가 들면
양팔로 안아야 할 정도의
크기입니다. 방에 장식하
기에도 좋은 존재감 있는
크기랍니다.

[강아지(점박이, 블랙, 블랙x화이트)] 각 1,200엔
헝가리에서는 목양견이 주류이기 때문인지 강아지라고 하면
복슬복슬하고 귀가 큰 이미지가 많아요. 눈과 코는 매끈한 비즈로 표현되었습니다.

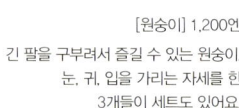   

[당나귀] 1,500엔
그레이 보디에 옅은 핑크 코와 귀가
화사하게 보이는 당나귀.
빨간 비닐로 만든 재갈과 고삐가
더욱 눈길을 끕니다.

[뱀] 1,200엔
M 사이즈보다 좀 더 크고 긴 뱀입니다.
보기에는 단순히 모루로 보이지만
입을 벌리고 내민 혀의
이음새가 보이지 않는 게 대단하네요!

[소] 1,200엔
꽃과 종을 단 여성스러운 소.
비즈를 박아 넣은 눈 양 끝에
속눈썹을 덧그렸습니다.

[곰(화이트, 브라운)] 각 1,200엔
봉제 인형과 똑같아서 나도 모르게
모루로 만들었다는 것을 잊을 정도로
완성도 높은 곰.
발바닥과 귀는 펠트로 표현했습니다.

[고양이(마블, 블랙x화이트, 화이트, 베이지, 블랙)] 각 1,500~1,800엔
색이 선명한 유리구슬 눈이 특징인 고양이입니다.
소유욕을 자극하는 크기가 컬렉터의 마음을 흔드네요.

[푸들(블랙, 화이트)] 각 1,200엔
동그랗게 미용이 된 꼬리와 뾰족한 발끝이
고상해 보이는 푸들. 미용사(작업자)에 따라
꼬리 모양이 달라지는 것이 재미있어요.

[여우] 1,800엔
팔로 병아리를 잡고
재빨리 자세를 잡은 여우입니다.
병아리는 분리할 수 있습니다.

[쥐(비즈 눈)] 1,200엔
비즈 눈을 단 L 사이즈 쥐도
치즈를 꼭 쥐고 있군요.
검은 비즈의 귀여운 눈동자가 인기입니다.

[쥐(화이트, 그레이)] 각 1,200엔
제작 시기에 따라 종류가 달라지는 쥐입니다.
이 쥐는 고양이 눈 타입입니다.
베스트를 입고 맛있어 보이는 치즈를 들고 있네요.

[호랑이] 1,200엔
노란색과 검정색을 섞은 마루로 만든 호랑이.
마무리로 검정색을 덧칠했군요.
빨간 혀가 매력 포인트.

[다람쥐(적갈색, 흑갈색)] 각 1,200엔
M 사이즈보다 좀 더 큰
솔방울을 들고 있는 L 사이즈 다람쥐.
귀 털은 이 사이즈에서도 건재하네요.
더욱 생동감이 느껴집니다.

[테리어] 1,200엔
짧은 주둥이가 귀여운 테리어입니다.
삼색 무늬는 손으로 그려 넣어서
인형마다 각기 달라요.

[캥거루] 1,200엔
비즈 눈과 또렷한 아이라인 덕분에
예쁜 얼굴의 캥거루입니다.
주머니 안의 새끼 캥거루도 마루.

[코끼리] 1,200엔
약간 작은 삼각형 귀의 표현으로
아시아 코끼리 계열이던 S, M 사이즈와는 달리,
크고 둥근 귀 덕분에
아프리카 코끼리에 가깝게 만들어졌어요.

거의 실제 크기

[토끼(그레이, 화이트, 베이지)] 각 1,200엔
M 사이즈보다 더 커지고 배털과 꼬리(동그래서 귀여워요!)가 흰색인 토끼입니다.
볼 터치를 넣은 게 절묘하네요!

[곰(브라운, 화이트)] 각 1,500엔
핑크색 펠트로 발바닥을 표현한 브라운 곰과
귀와 발바닥을 핑크색으로 그린 화이트 곰입니다.
코 아래 라인이 살짝 비뚤어지니 유니크한 얼굴이 되네요.

[판다] 1,500엔
그러데이션으로 칠해진 눈가의 검은 무늬가
매우 귀여운 판다입니다.
털 방향에 따라 살짝 치켜뜬 눈이 되거나
쳐진 눈이 되는 등 표정이 다양해져요.

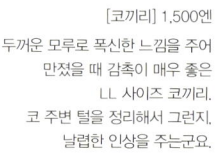

[코끼리] 1,500엔
두꺼운 모루로 폭신한 느낌을 주어
만졌을 때 감촉이 매우 좋은
LL 사이즈 코끼리.
코 주변 털을 정리해서 그런지,
날렵한 인상을 주는군요.

LL size

전체 길이가 대략 9~14cm인 LL 사이즈는 모자나 리본과 같은 장식품이 더 화려해요. 40~50cm 인형이 들면 작은 봉제 인형이나 새끼 고양이 정도의 크기로 보여요.

[당나귀] 1,800엔
당나귀도 한층 더 커져서 등장했습니다.
데츠카 오사무가 그린 듯한
다리 라인이 눈에 띄네요.

[여우] 2,000엔
L 사이즈에 이어 병아리를 든 여우가
다시 등장했습니다.
털이 긴 모루를 사용하여
배와 꼬리털이 더욱 풍성해졌네요.

[푸들] 1,500엔
폭넓게 사랑 받는 푸들의 인기는
LL 사이즈에서도 여전합니다.
복슬복슬한 보디를 다듬는 것도
하나의 즐거움.

[돼지] 1,500엔
핑크 보디와 살짝 찌그러진 얼굴이
사랑스러운 돼지입니다.
코와 귀는 펠트로 만들고
앞뒤 발끝은 색을 칠해서 표현했네요.

[고양이(마블, 화이트, 블랙*판매 완료, 베이지)] 각 1,800~2,000엔
파란 눈에 약간 작은 동공이 귀여운 LL 사이즈 고양이.
S~L 사이즈와 같이 마블과 화이트 고양이는 살짝 볼 터치가 되어 있네요.

[낙타] 1,800엔
복슬복슬하고 폭신폭신한 모루를
잘 사용하여 만든 낙타입니다.
비즈 눈에 펠트로 눈꺼풀을 얹어서
졸린 듯한 표정을 연출했네요.

[강아지(블랙, 점박이, 베이지, 블랙×화이트, 그레이)] 각 1,500엔
LL 사이즈라도 동그란 비즈 눈이 귀여운 강아지입니다.
귀를 세우거나 자세를 바꿔주면
다양한 표정을 즐길 수 있어요!

[문어] 1,500엔
동그란 머리에 모루로
다리 6개(!?)를 달고
리본을 매고 모자를 쓴
멋쟁이 문어입니다.
눈은 플라스틱. 전에는
빨간 문어도 있었다고 하네요.

[오리] 1,500엔
LL 사이즈로 진화하여
세일러 깃에 흰 선이 추가된 오리.
엉덩이가 툭 튀어나온 뒷모습이 귀엽네요.

[올빼미(그레이, 베이지*판매 완료)] 각 1,800엔
날개를 양옆으로 펼쳐서 평면적인 느낌의 올빼미입니다.
흰색 울로 감싼 큰 유리 눈이 예쁘네요.
마치 속눈썹 같은 깃털도 세련돼 보입니다.

거의
실제 크기

[쥐(화이트, 그레이)] 각 1,600엔
LL 사이즈 쥐도 비즈 눈과 녹색 눈, 2종류입니다.
펠트로 만든 귀 안쪽을 핑크로 살짝 색칠했네요.

[핑크 덕] 1,800엔
수수께끼의 검은 오리가 다시 나타났습니다.
LL 사이즈에서는 가슴에 꽃을 단 멋쟁이입니다.
노란 오리처럼 이 아이도 엉덩이가 튀어나와 귀여워요.

[말] 1,500엔
L 사이즈보다 좀 더
다리가 길어진 말입니다.
반짝이는 동그란 눈망울과
통통한 얼굴이 귀엽네요!

[사자] 1,500엔
덥수룩한 갈기와
용맹해 보이는 꼬리로
와일드한 느낌의 사자.
하지만 그려진 눈과 빨간 혀 때문에
귀여운 인상이 돼버렸네요.

[기린] 1,500엔
어린아이의 그림을 그대로 재현한 듯한 기린.
무늬는 그려 넣기 때문에 인형마다 각기 달라요.
꼬리 끝은 검은 울로 표현했습니다.

[물범] 1,500엔
수염 방향으로 봤을 때
턱수염 바다 물범이라 생각되는
LL 사이즈 물범.
또렷한 눈이 특징입니다.

[오리(화이트, 옐로)] 각 2,000엔
전체 높이가 12cm로 진화한 수병 오리는
툭 튀어나온 엉덩이가 더욱 토실합니다.
가끔 눈 방향이 다른 게 있어요.

[늑대] 2,000엔
갈기 덕분에 더욱 와일드한 늑대.
하지만 문어처럼 동그란
플라스틱 눈 때문에
순수해 보이는 표정이네요.

[사자] 1,700엔
LL 사이즈보다 약간 이마가
뒤로 들어가 보이는 사자입니다.
울로 만든 꼬리 끝과
색칠한 발톱 등이
늠름함을 표현하고 있네요.

LLL size

전체 높이가 대략
10~16cm인 LLL
사이즈입니다. 두껍
고 푹신한 모루로
모양을 내서 탄탄한
느낌의 보디라인을
표현했습니다.

거의
실제
크기

[호랑이] 1,700엔
머리의 줄무늬가 귀여운 호랑이.
이 사이즈 역시 손으로 그린 거라
인형마다 각기 무늬가 달라요.

[햄스터] 2,000엔
뺨과 목둘레에 하얗고 푹신한
털을 잔뜩 두른 햄스터.
펠트로 만든 가방을 들고 있습니다.
욕심꾸러기 같은 얼굴이 귀여워요!

[코알라] 1,700엔
타원형 비즈로
코알라의 코를 잘 표현했네요!
가슴에 달린 꽃장식은
제각기 모양과 색이 달라요.

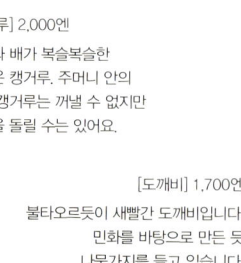

[캥거루] 2,000엔
얼굴과 배가 복슬복슬한
귀여운 캥거루. 주머니 안의
새끼 캥거루는 꺼낼 수 없지만
얼굴을 돌릴 수는 있어요.

[도깨비] 1,700엔
불타오르듯이 새빨간 도깨비입니다.
민화를 바탕으로 만든 듯
나뭇가지를 들고 있습니다.
짙은 녹색 눈이 예쁘네요.

ROKI'S MOGOL ANIMAL VARIATION
다양한 종류의 모루 애니멀

헝가리 부다페스트에 사는 로키 씨와
아내인 유리아 씨가 시작한 모루 동물 만들기.
개중에는 일반 인형과 구분이 안 될 정도로
복슬복슬하고 큰 인형이나, 꽃을 들거나
다양한 장식을 한 것도 있습니다.
작은 규모의 공방이기 때문에 얻을 수 있는
레어 아이템을 손에 넣어 즐겨보세요.

아직 더 있어요!

[사자] 3,800엔
전체 높이 18cm인 사자입니다.
브라운 계열 색을 섞은 갈기는
낡은 울 느낌을 내는 게 특징.
보디도 푹신하며 모루로 만들었다는 게
믿기지 않습니다.

[다람쥐] 4,200엔
전체 높이 20cm인 다람쥐입니다.
울을 많이 사용해서 폭신한 꼬리는
모루 한 줄로 만들었다는 게 믿기지 않을 정도!
솔방울은 접착제로 붙였어요.

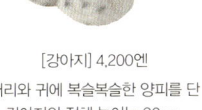

[강아지] 4,200엔
머리와 귀에 복슬복슬한 양피를 단
강아지의 전체 높이는 20cm.
코는 양모 볼입니다. 목걸이 포함.

[고양이(여자아이, 남자아이)] 각 4,800엔
하얀 모루에 파란 눈을 넣은 고양이 인형.
머리에 퍼를 달고 서 있는 모습이
인형다움을 강조했군요.
꼬리와 다리로 설 수 있어요.

[판다 모자] 2,200엔
어미 귀 안쪽에는
펠트로 검은색을 표현했지만
중요한 눈 주위와 팔다리는 흰색
충격적인 판다 모자입니다.

[쥐 여자아이] 2,200엔
원숭이와 마찬가지로 치마를 입고
모자를 쓴 쥐입니다.
크기는 LL 사이즈와 거의 같아요.
직접 옷을 만들어 입혀도 좋을 거예요.

[원숭이 여자아이] 2,200엔
치마를 입고 모자를 쓴 원숭이입니다.
공방 아주머니 사이에서
옷 입히기가 유행이었던 걸까요.
가는 토션 레이스가 멋지네요.

[교통안전 시리즈(토끼, 고양이, 새끼 고양이, 강아지)] 각 2,000~2,500엔
오른발과 왼손에 붕대를 감은 골절 동물들입니다. 들고 있는 팻말 'vezess óvatosan'은
헝가리어로 '조심하지 않으면 다쳐'라는 의미. 머리에 끈이 있어서 차에 달아도 좋겠네요.

[토끼 남자아이] 2,200엔
펠트로 만든 빨간 옷과 모자로 멋을 낸
LL 사이즈 토끼 인형입니다.
꽃을 든 모습이 귀여워요!
선물용으로도 그만입니다.

「Biscuit」의 모루 애니멀 키트

7. 꼬리가 등 쪽으로 나오도록 물결 모양 모루 사이에 꽂는다. 물결 모양의 2/3 위치를 접어 배 쪽으로 구부린다.

4. 두꺼운 모루 양 끝은 끝에서 2~3mm 정도에서 펜치로 잡아 꺾어 찔리지 않도록 처리한다.

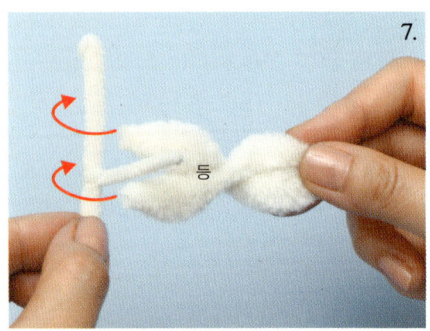

1. 여기서 사용하는 재료는 헝가리 공방의 유리아 씨에게 배운 방법으로 만든 'Biscuit 오리지널 모루 키트'. 먼저 키트 안에서 물결 모양 모루를 꺼내 가운데를 접는다.

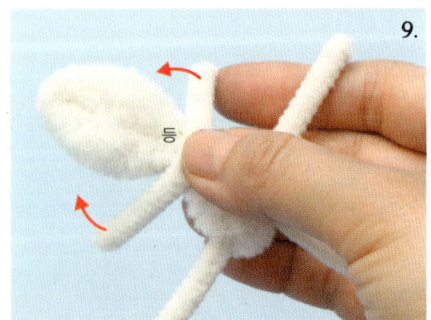

8. 물결 모양 모루의 교차 부분(등 쪽)에 접착제를 바른다.

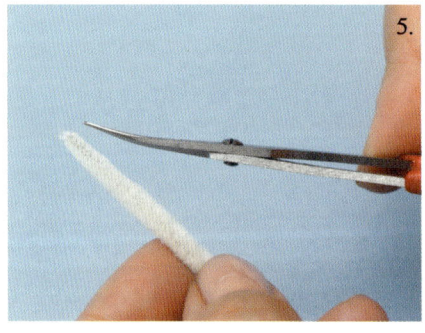

5. 가는 모루의 꼬리 끝을 가위로 정리한다. 철사가 나오지 않을 정도로만 최대한 얇게 다듬는다. 끝에서 3mm 정도에서 꺾어서 펜치로 눌러 다듬는다.

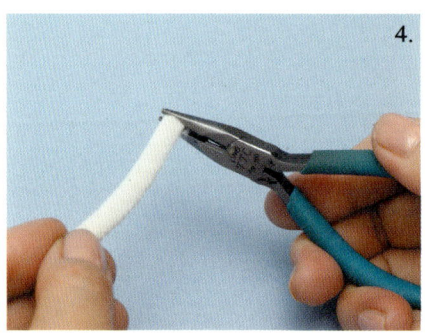

2. 오목한 부분을 교차한다.

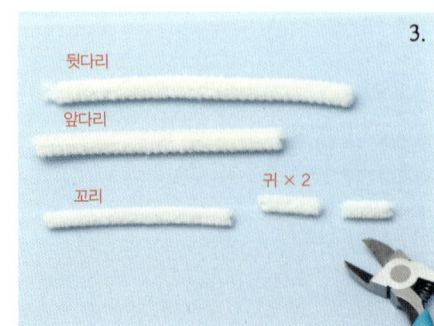

9. 등 쪽에 앞다리를 얹어 붙인다. 앞다리는 배 쪽으로 접는다.

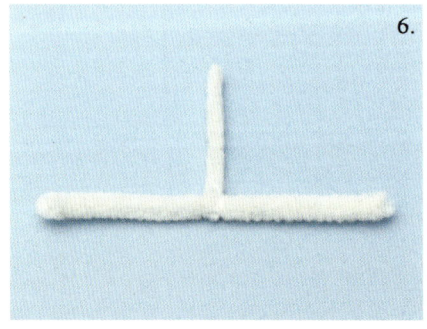

6. 뒷다리가 되는 모루의 한가운데에 꼬리를 감아 붙이고 펜치로 단단히 고정한다.

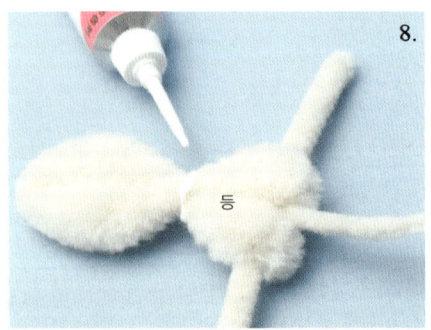

3. 두꺼운 모루는 끝에서 7.5cm 부분을 자른다.(짧은 쪽은 앞다리, 긴 쪽은 뒷다리) 얇은 모루는 끝에서 5cm 부분을 자른다.(꼬리) 남은 것은 이등분한다.(귀)

48

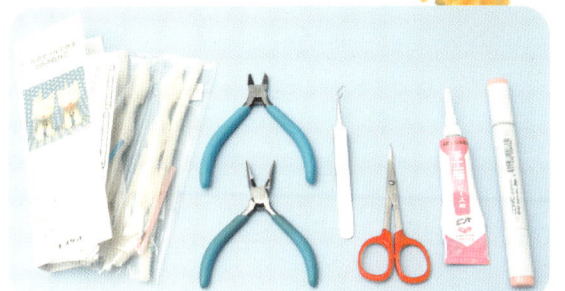

울 모루로 만드는 흰 고양이 2마리

☐ 니퍼
☐ 라디오 펜치
☐ 핀셋
☐ 가위
☐ 접착제
☐ 코픽 마카

물결 모양 모루에서 얼굴이 되는 부분은 펜치를 이용하여 등 쪽에서 배 쪽으로 접는다.

머리 쪽에 튀어나온 부분을 가위로 잘 다듬으면서 윤곽을 만든다. 눈 주위와 귀를 붙일 부분의 털은 짧게 자르면 좋다.

종이나 팔레트에 접착제를 짜고 눈이 되는 비즈를 이쑤시개에 끼워서 한쪽 면에 접착제를 묻히고 얼굴에 붙인다.

이어서 코끝을 펜치로 잡아 살짝 위로 접어 올린다.

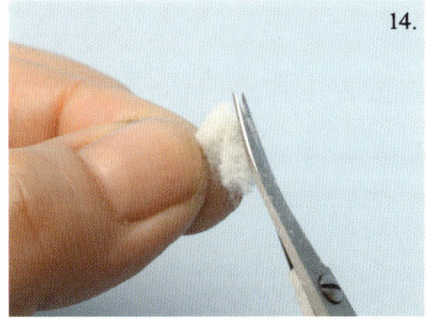

3번에서 남은 얇은 모루를 삼각형으로 접고 가위로 뾰족하게 다듬는다.

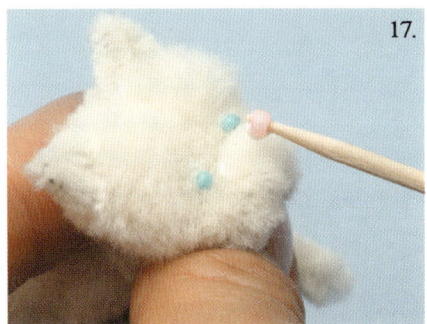

좌우 균형을 맞추면서 눈을 붙인다. 같은 방법으로 코도 접착제를 발라 붙인다. 정면에서 봤을 때 비즈 구멍이 안 보이도록 붙인다.

고개는 들어 올리고 앞다리는 바닥에 닿도록 하고 뒷다리를 구부려서 전체적으로 고양이 모양이 되도록 정리.

귀에 접착제를 바르고 머리 부분의 귀 위치 털을 갈라 사이에 단단히 붙인다.

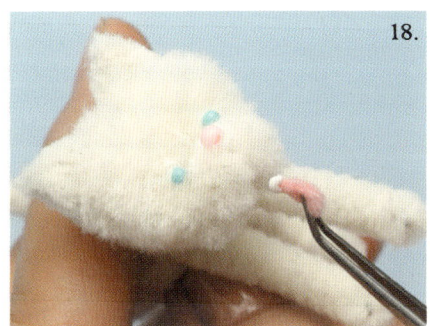

펠트로 된 혓바닥을 핀셋으로 잡아 반으로 접고 한쪽에 접착제를 발라 코 밑 움푹 들어간 부분에 깊숙이 잘 붙인다.

MOGOL ANIMAL

information

모루 인형 만들기 키트 시리즈!

Biscuit 오리지널 키트가 줄지어 등장합니다.
헝가리 모루와 같은 얇은 섬유와 밀도 높은 울 모루가 특징입니다.

〈양 모자〉 1,100엔
〈흰 고양이 2마리〉 1,400엔
〈검은 고양이 2마리〉 1,400엔

Biscuit
☎03-3823-5850
http://www.biscuit.co.jp

직접 만든 모루로 더욱 다양하게 즐길 수 있어요. 흰 고양이와 까만 고양이를 만들고 눈만 곰돌이 인형 눈으로 바꿔봤어요.

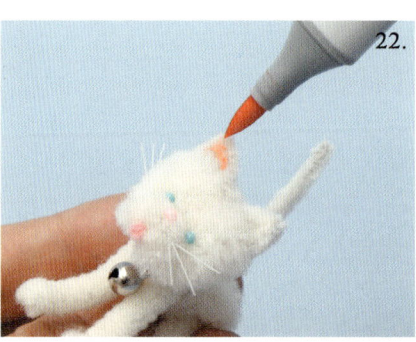

22. 귀 안쪽을 코픽 마커 copic marker 핑크(화장품 볼 터치도 괜찮음)로 색칠하면 완성.

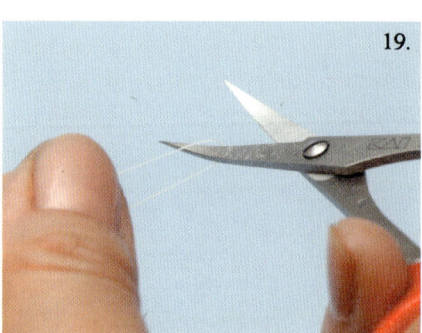

19. 수염 부품은 가위로 6등분 하여 3줄씩 묶는다.

뒷다리로 일어설 수 있는 흰 고양이를 만들어봤어요. 펠트로 옷을 만들면 귀여운 고양이 인형이 됩니다.

23. 코픽 마커 회색 계열로 얼굴과 귀, 발을 칠하면 샴 고양이로도 변신. 코 비즈 색깔을 바꾸면 더욱 샴처럼 보인다.

수염 3줄을 정돈해서 잡고 끝에 접착제를 묻혀서 코 옆에 꽂듯이 붙인다. 접착제가 완전히 마르기 전에 핀셋으로 수염 간격을 조절한다. 접착제가 다 마르면 가위로 원하는 길이로 자른다.

흰 고양이와 까만 고양이를 서로 섞어서 만든 판다와 까만 고양이 키트로 만든 곰. 판다의 눈 주변은 검정 코픽 마커로 칠하면 쉽게 만들 수 있어요.

24. 울 모루는 코픽 마커로 쉽게 색을 칠할 수 있어서 흰 고양이 세트로 좋아하는 고양이로 변신 가능.

21. 키트 안에 든 방울에 O링을 달고 리본에 달아 목에 건 다음 접착제로 붙인다.

상의/퍼프 슬리브

material 〈가로×세로〉
- 면 원단 … 25cm × 20cm
- 스냅 단추 … 2쌍
- 접착심지 … 1cm폭 × 14cm

① 앞 몸판 다트를 박음질한다. 접착심지를 7cm 길이로 2줄 잘라 뒤 몸판에서 패턴 지정 위치에 붙인다.
② 앞뒤 몸판을 겉면이 마주 보도록 겹쳐 어깨를 꿰매 붙인다.
③ 안단과 몸판을 겉면이 마주 보도록 겹쳐 목둘레를 박음질한다.
④ 목둘레 시접에 가위집을 내고 겉으로 뒤집는다.
⑤ 소매 입구에 주름을 잡고 커프스를 꿰매 붙인다.
⑥ 소매산에 주름을 잡고 몸판에 꿰매 붙인다.
   소매 입구~몸판의 옆선을 한 번에 박음질한다.
   시접은 몸판 쪽으로 눕히고 스티치를 넣는다.
⑦ 뒤트임과 단의 완성선을 접는다. 목둘레에서 뒤트임과 단의 2mm 부근에 한 번에 스티치를 넣는다.
⑧ 뒤 중심에 스냅 단추를 단다.

상의/퍼프 슬리브

- 겉감 면 원단 … 30cm × 25cm
- 깃 안감 망사천 … 5cm × 10cm
- 접착심지 … 1cm폭 × 16cm
- 스냅 단추 … 2쌍

① 앞 몸판 다트를 박음질한다. 접착심지를 8cm 길이로 2줄 잘라 패턴 지정 위치에 붙인다.
② 깃을 겉면이 마주 보도록 겹쳐 박음질하고 시접을 2mm 남기고 잘라낸다. 시접에 가위집을 내고 겉으로 뒤집는다.
③ 소매 입구에 주름을 잡고 커프스를 꿰매 붙인다. 시접의 패턴 지정 위치에 가위집을 낸다.
④ 앞뒤 몸판을 겉면이 마주 보도록 겹쳐 어깨를 꿰매 붙인다. 시접을 펼치고 깃을 꿰매 붙인다.
⑤ 어깨 프릴에 주름을 잡고, 프릴을 달 위치에 꿰맨 다음 소매와 함께 몸판에 꿰매 붙인다. 시접은 몸판 쪽으로 접어 눌러 스티치를 넣는다.
⑥ 소매 아래에서 겨드랑이까지 겉면이 마주 보도록 겹쳐 박음질한다. 소매 아래 커브 부분에 가위집을 낸다.
⑦ 뒤트임과 단을 완성선에서 접는다. 단, 뒤트임, 목둘레까지 2mm 정도 선에서 한 번에 스티치를 넣는다.
⑧ 깃이 들뜨지 않도록 깃 등 쪽을 접어 꿰매고 스냅 단추를 단다.

퍼프 슬리브

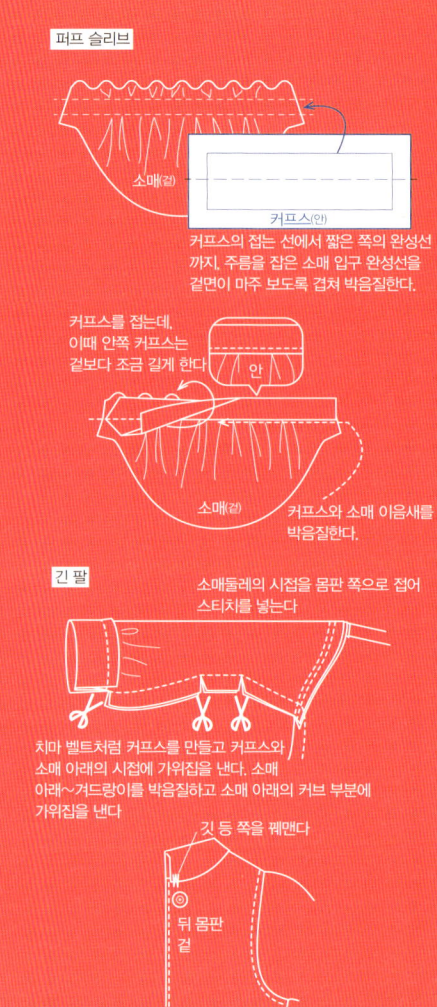

커프스의 접는 선에서 짧은 쪽의 완성선까지, 주름을 잡은 소매 입구 완성선을 겉면이 마주 보도록 겹쳐 박음질한다.

커프스를 접는데, 이때 안쪽 커프스는 겉보다 조금 길게 한다.

커프스와 소매 이음새를 박음질한다.

긴 팔

소매둘레의 시접을 몸판 쪽으로 접어 스티치를 넣는다

치마 벨트처럼 커프스를 만들고 커프스와 소매 아래의 시접에 가위집을 낸다. 소매 아래~겨드랑이를 박음질하고 소매 아래의 커브 부분에 가위집을 낸다

깃 등 쪽을 꿰맨다

하의/판탈롱

material 〈가로×세로〉
- 면 원단 … 30cm × 20cm
- 스냅 단추 … 1쌍

① 허리 턱을 박음질한다.
② 앞 몸판을 겉면이 마주 보도록 겹쳐 밑위를 박음질한다.
③ 좌우의 앞 몸판과 뒤 몸판을 겉면이 마주 보도록 겹쳐 옆선을 박음질한다. 시접은 뒤 몸판 쪽으로 접고 스티치를 넣는다. 단을 접어 박음질한다.
④ 뒤 밑위를 맞춰서 박음질한다. 시접에 가위집을 내고 시접을 펼친다.
⑤ 허리와 뒤트임을 접고, 뒤트임~허리~뒤트임을 한 번에 박음질한다.
⑥ 단에서 가랑이까지 겉면이 마주 보도록 겹쳐 박음질하고 시접에 가위집을 낸다.
⑦ 겉으로 뒤집어 스냅 단추를 단다.

Sindy

하의/레이스 판탈롱
material 〈가로×세로〉
- 겉감 광폭 고무 레이스 … 8cm폭 × 80cm
- 안감 망사천 … 30cm × 20cm
- 멜빵용 프릴 있는 고무 … 1cm폭 × 28cm
- 스냅 단추 … 1쌍

① 각 부분에 겉감과 안감을 겹쳐 어긋나지 않도록 시침질하고 턱을 박음질한다.
②~⑥은 판탈롱과 같다.
⑦ 멜빵을 14cm 길이로 2줄 잘라 꿰매 붙이고 스냅 단추를 단다.

* 재봉틀에 물리기 쉬운 옷감은 옷감과 미싱 사이에 종이를 끼워 박음질하면 잘 물리지 않는다.

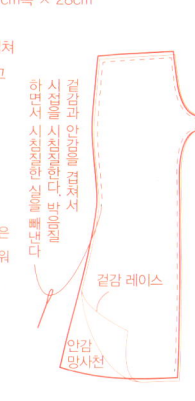

도트 블라우스
material 〈가로×세로〉
- 겉감 면 원단 ⋯ 30cm × 25cm
- 깃 안감 망사천 ⋯ 5cm × 10cm
- 접착심지 ⋯ 1cm폭 × 16cm
- 앞 몸판용 장식 레이스 모티브 ⋯ 원하는 만큼
- 스냅 단추 ⋯ 2쌍

① 가슴 턱을 박음질한다. 앞 중심에 모티브를 단다.
접착 심지를 패턴 지정 위치에 붙인다.
나머지는 상의/긴 팔과 같다. 어깨 프릴은 달지 않는다.

도트 치마
- 면 원단(천A) ⋯ 25cm × 8cm
- 벨트 ⋯ 13cm × 3.5cm
- 스냅 단추 ⋯ 1쌍
- 꽃 모티브 ⋯ 1개

① 허리에 주름을 잡고 벨트를 끼워 붙인다.
② 시접은 벨트 쪽을 접고 가장자리와 단을 한 번에 박음질한다.
③ 뒤 중심을 겉면이 마주 보도록 겹쳐 트임 끝까지 박음질한다.
④ 벨트를 3번 접어 뒤트임부터 한 번에 박음질한다.
⑤ 단에 스티치를 넣고 스냅 단추와 모티브를 단다.

뒤트임 시접과 벨트 끝 시접을
안으로 접어 넣고, 긴 팔 블라우스의
커프스도 같은 방법으로 접는다

뒤 중심을 박음질하고
커프스처럼 벨트와 치마 이음새도
뒤트임 시접까지 한 번에 박음질한다.

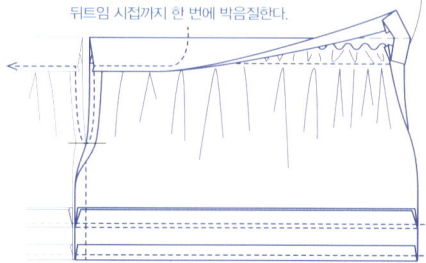

Sindy

신디는 영국 패션 돌이다.
페디그리Pedigree 사가 1963년 가을에 발매했다.
전체 높이는 약 28cm.
당시 '바비는 글래머러스 해서 아이들에게 부적합하다'라고
생각하는 부모가 많다는 리서치 결과를 본 페디그리 사가
아이디얼 사의 타미1962년을 모델로 하여
라이선스 허가를 받아 만든 것이 신디다.
'옆집 여자친구girl next door' 스타일의 신디는
구매자 욕구를 그대로 반영하여 50년 이상 히트를 쳤다.
슬로건은 'The doll you love to dress' 원하는 대로 갈아입히기.
옷은 물론이고 가구, 가전, 반려동물, 소품 등 다양하게 전개했다.
남자친구 돌은 폴Paul이다.
당시 인기 있던 비틀스의 폴 매카트니를 닮게 만들었다고 하지만
얼굴은 아무래도… 궁금하면 'Sindy boyfriend paul'로 찾아보길 ☆

1963년에 태어난 인형
〈밋지〉 Midge Barbie's friend 〈페퍼〉 Pepper Tammy's sister

하의/치마

material 〈가로×세로〉
- 면 원단(천 A) … 25cm × 12cm
- 면 원단(천 B) … 25cm × 4cm
- 스냅 단추 … 1쌍

① 천 A와 B를 각각 박음질하고 허리에 주름을 잡아 벨트를 꿰매 붙인다.
② 시접을 벨트 쪽으로 접고 가장자리와 단을 한 번에 박음질한다.
③ 뒤 중심을 겉면이 마주 보도록 겹쳐 트임 끝까지 박음질한다.
④ 벨트를 3번 접어 뒤트임부터 한 번에 박음질한다.
⑤ 단에 스티치를 넣고 스냅 단추를 단다.

☆ 탑의 몸판+프릴+치마(천 A) 원단을 준비하고 깃+소매+치마(천 B)를 준비해두면 에이프런 원피스 스타일이 된다.
☆ 탑과 판탈롱을 같은 천으로 만들면 올인원 스타일이 된다.

베레모

material 〈가로×세로〉
- 펠트 … 15cm × 10cm
- 양모 방울 … 1개
- U 핀 … 1개

① 2장 중 1장은 구멍을 내고 겉면이 마주 보도록 겹쳐 박음질한다.
② 겉으로 뒤집고 양모 방울을 가운데에 꿰매 붙이고 U 핀을 단다.

정수리 부분에
방울을 꿰매 단다

U 핀을 짧게 잘라 머리 모양대로
구부려서 베레모에 끼운다

세 마리의
아기 돼지 형제는
함께 사이좋게
살고 있었습니다.

오늘은 다함께
케이크 만들기!

달걀과 설탕과
밀가루를 섞어서
벽돌 오븐에서
폭신하게 구워내고
생크림 거품을 내어
다 같이 장식해요.

생일을 맞이한
친구도
깜짝 놀랄 거예요.

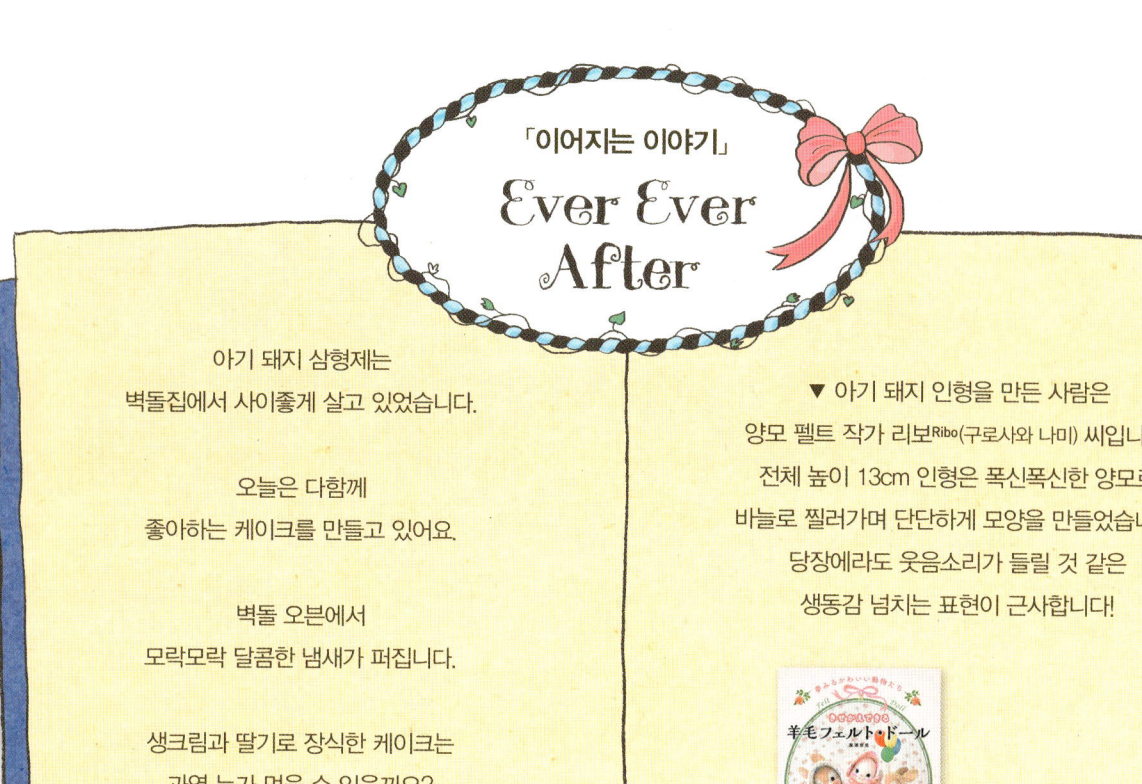

「이어지는 이야기」
Ever Ever After

아기 돼지 삼형제는
벽돌집에서 사이좋게 살고 있었습니다.

오늘은 다함께
좋아하는 케이크를 만들고 있어요.

벽돌 오븐에서
모락모락 달콤한 냄새가 퍼집니다.

생크림과 딸기로 장식한 케이크는
과연 누가 먹을 수 있을까요?

결과는 이야기 뒤에서….

▼ 아기 돼지 인형을 만든 사람은
양모 펠트 작가 리보Ribo(구로사와 나미) 씨입니다.
전체 높이 13cm 인형은 폭신폭신한 양모로
바늘로 찔러가며 단단하게 모양을 만들었습니다.
당장에라도 웃음소리가 들릴 것 같은
생동감 넘치는 표현이 근사합니다!

『갈아입힐 수 있는 양모 펠트 인형』
구로사와 나미
● 발행처 / 닛토서원본사
● 1,200엔+부가세 ● 판매 중

큰 형 아기 돼지는
솜씨가 좋아요.

생크림을 짜서
케이크를 장식합니다.

막내 아기 돼지는
먹성이 좋아요.

생크림을 날름,
딸기도 날름!

둘째 아기 돼지는
힘이 세요.

볼에 가득 담긴
생크림을 칩니다.

MOMOLITA'S GLOBAL TOUR PARIS

모모리타의 세계여행 파리 편

6월 27일, 파리에서 브라이스컨 유럽2015 BLYTHECON EUROPE IN PARIS(블라콘)이 개최되었습니다. 이번에는 한국, 일본, 홍콩 등 아시아의 아티스트들도 많이 참가하여 국제적인 컨벤션이 되었어요. 마침 우리가 머문 기간에 파리에서 전동차와 택시가 동맹 파업 중이라서 좀 혼란스러운 체험이었지만, 기억에 남는 여행이었어요.

컨벤션 전날은 파리 시내 공원에서 사전미팅이 있었어요. 익숙한 공원에서 돗자리를 깔고 인형을 진열하면서 사진을 찍었습니다. 오랜만에 만난 친구들과도 즐겁고 한가롭게 지냈어요. 본격적으로 시작된 브라이스 컨벤션에서 딜러들은 판매와 워크숍 등 이벤트가 있어 꽤 바빴어요. 그래서 전날의 이 시간이 무척 소중했습니다.

▲ 금발 머리 아이가 첫 작품이라고 하네요. 귀여워요.　▲ 작년에도 만난 낯익은 아이도 있네요.

일본에도 최근 브라이스의 팬이 됐거나 옷 만들기 등 커스텀을 시작한 분들이 많을 거라 생각됩니다. 해외의 작품을 봐도 최근 1년 사이에 작품을 시작한 재능 있는 아티스트 분들을 많이 만날 수 있어요.

홍콩의 〈KBabyDolls〉도 그중 한 명이죠. 그녀가 만드는 다양한 표정의 돌은 지금이라도 말을 할 것만 같습니다. 눈썹이 있는 아이는 장난기가 있어 보이네요. 오른쪽 사진의 검은 머리 브라이스는 그녀의 작품입니다.

사전미팅에서 인형을 보여준 여성도 커스텀을 시작한 지 1년이라는 얘기에 무척 놀랐어요. 정말이지 매력적인 작품이에요! 위 사진에서 안고 있는 3체의 브라이스가 그녀의 작품입니다.

▲ 오다니 씨와 KBabyDolls 사이좋게 촬영 중~ 이런 모습은 공원 여기저기서 볼 수 있습니다.

▲ 사진집을 발매한 Dolly treasures의 귀여운 전시

▲ 유럽 스타일의 색감을 낸 서커스

▲ 너무나 귀여운 Alice의 전시

▲ 인기절정의 커스텀 아티스트 Hola Gominola!

▲ The Pumpkinbelle의 컬러풀하고 정교한 느낌의 드레스가 귀여워요.

▲ 미국 Hello Miss Quito의 자수로 악센트를 준 멋진 디자인.

▲ 친한 TSANFW의 화려한 구두. 부스가 옆이라서 즐거웠어요.

▲ 브랜드 이름은 모시모시! 형제의 부인이 일본 사람이래요. 귀엽네요.

▲ HANON 씨, 오다니 씨, 후지모토 아야 씨의 부스

▲ 돌 하우스에서 촬영 중인 아야 씨

▲ 포토 프롭스를 이용하여 인형과 함께 촬영했어요. 5초에 1장, 4컷.

▲ 이렇게 재미있는 4컷 사진도 찍을 수 있죠.

▲ 모모리타의 소잉 실연

브라이스컨 유럽 당일은 날씨도 좋고 회장은 열기로 가득 찼습니다. 일본에서 오다니 씨, 후지모토 아야 씨, HANON 씨, 미츠바치 씨 그리고 Junie Moon도 참가했습니다. 그 밖에도 일본에서 오신 손님들이 있어서 일본에서도 브라이스컨에 흥미를 갖는 사람이 많아졌다는 것을 느끼고 기뻤습니다.

회장 안에는 커다란 돌 하우스가 설치되어 있어 누구나 즐겁게 촬영할 수 있었어요. 〈Take pictures of yourself and your dolls〉 코너에서는 포토 프롭스를 이용하여 기념사진을 찍을 수도 있었습니다. 단순히 인형 관련 제품만 구매하는 것이 아니라, 다함께 즐길 수 있는 브라이스 컨벤션이었어요.

▲ 마지막엔 러플 이벤트로 열기가 고조됐어요.

Blythe Con Europe in Paris

International artists

안녕! 영국에서 온 린다예요. 브라이스를 처음 알게 된 건 2001년 소니 광고에서였어요.

저는 1960~70년대의 패션에서 영감을 많이 받아요. 골드로 포인트를 준 망사를 겹쳐서 반짝이는 드레스를 만드는 걸 좋아한답니다.

브라이스는 저의 뮤즈예요! 인생에 큰 기쁨을 줍니다. 이 취미를 통해서 각국에서 멋진 친구를 많이 사귈 수 있었답니다.

이번에는 영국 아티스트 두 분을 그들이 직접 쓴 메시지와 함께 소개하려 합니다. 브라이스컨 유럽에서도 엄청난 인기를 끈 드레스 작가 라운징 린다 LOUNGING LINDA와 사진작가 돌리 트레저스 Dolly Treasures입니다.

메탈릭 컬러로 멋진 드레스를 만드는 RJ로 유명한 린다의 부스는 개장과 동시에 인산인해를 이루고, 드레스는 눈 깜짝할 사이에 다 팔리고 맙니다.

인스타그램에서도 엄청난 인기를 끄는 Dolly Treasures, 독자 분들 중에도 팔로워이신 분들이 많겠죠?

Instagram https://instagram.com/landers_/
Flickr https://www.flickr.com/photos/lounginglinda/

LOUNGING LINDA

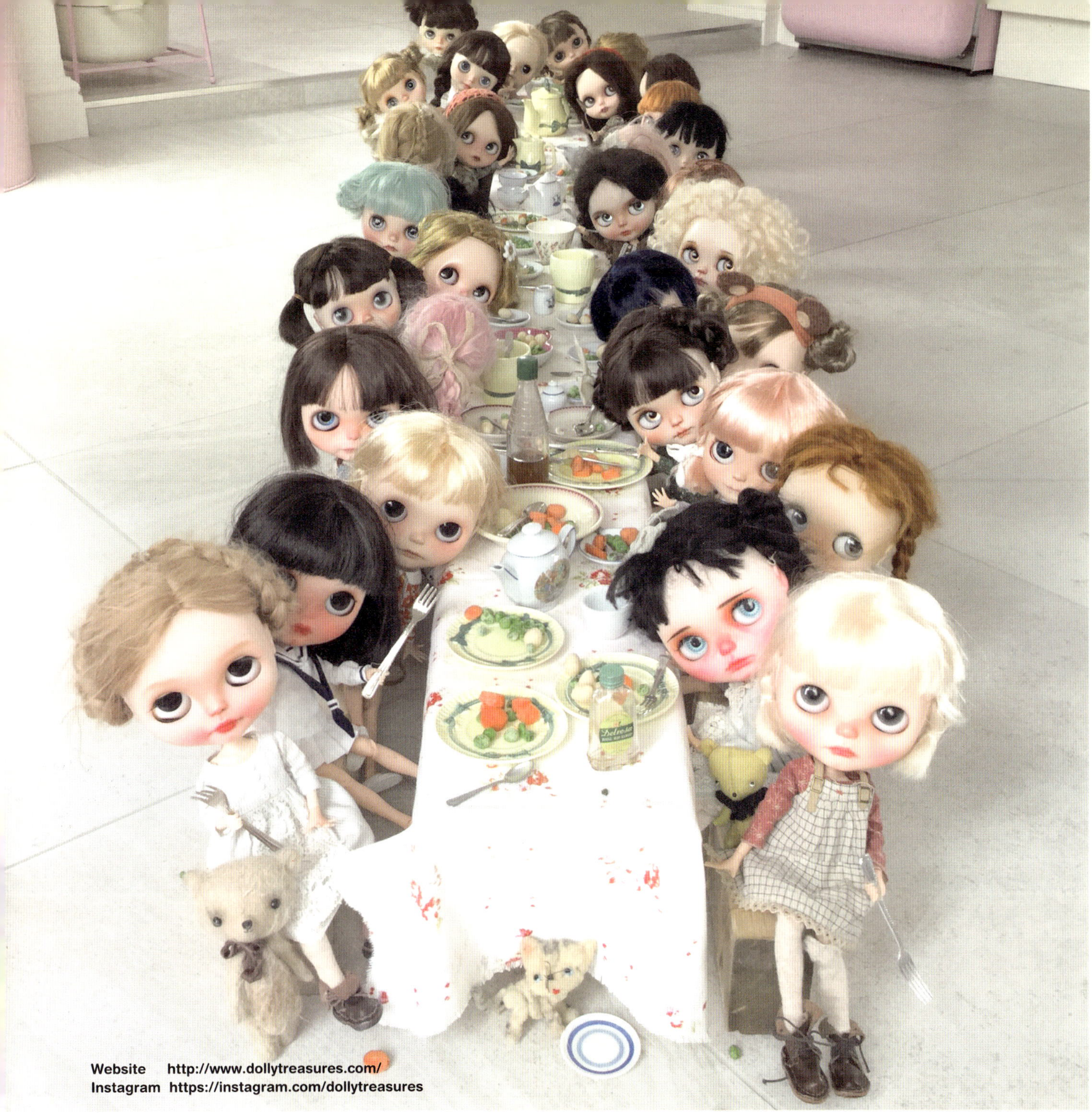

Website http://www.dollytreasures.com/
Instagram https://instagram.com/dollytreasures

아이린의 상상력은 무한합니다.
　세계적으로 인기 있는 아이린의 작품이 사진집 〈더 리틀 미스치프스 the little mischiefs〉으로 나왔습니다. 아이린의 웹 사이트에서 구매 가능하니 꼭 한번 찾아보세요.

▼ Dolly Treasures의 사진작가 아이린Eileen은 영국 서퍽에 살고 있습니다. 처음 브라이스를 맞이한 날부터, 브라이스는 그녀의 인생을 바꿀 만큼 큰 존재가 됐습니다.
　귀엽고 모험심 가득한 30체의 브라이스와 함께 살고 있어요.
　브라이스는 아이린의 완벽한 뮤즈입니다. 아이린은 브라이스의 장난기 가득한 일상의 모습을 그대로 표현해냅니다. 케이크를 못 쓰게 하거나, 계단에서 굴러 내려오거나, 샹들리에에 매달리는 등 아

Blythe Con Japan 개최일 결정!

We are pleased to inform you that we are holding a Blythe convention in Tokyo on June 25th 2016. The venue is Congres-square in Nakano.

This will be host this event and meet wonderful people. We are going to sell tickets in December.

Kindly visit our website. We will be updating further information there.

Thank you so much.

2014년부터 준비하던 브라이스컨 재팬 동경은 2016년 6월 25일(토)에 나가노 콩그레스 스퀘어에서 개최되기에 이르렀습니다.

새로 만든 건물이라 무척 아름답고 역에서도 가깝습니다. 근처에 음식점과 점포들이 많아서 장시간 이어지는 브라이스컨에서 나와 휴식하기에도 좋은 장소라 생각합니다.

이벤트 티켓 발매는 2015년 12월로 예정되어 있습니다. 여러분도 꼭 와주시면 좋겠습니다. 브라이스컨 재팬에 관한 자세한 내용은 홈페이지에서 알 수 있습니다. 오셔서 확인해주세요.

Blythe Con Japan website: http://blythecon-japan.com

▲ 나가노 콩그레스 스퀘어

▲ B1 컨벤션홀

Blythe Con(브라이스컨)이란?

긴 시간을 회장에서 보냅니다. 입장권은 유럽에서는 3천 엔, 미국에서는 6~7천 엔 정도로 일본 돌 이벤트보다 비싼 편입니다. 하지만 관람객 전원에게 이벤트로 오리지널 굿즈나 잡화가 들어있는 구디백Goody bag을 선물로 주거나, 무료 워크숍에 참가할 수 있고, 간단한 식사가 제공됩니다. 마지막에는 러플Raffle이라는 추첨 행사도 있어 참가자 전원이 즐길 수 있게 구성하였습니다.

▼ 브라이스 컨벤션(이하 브라이스컨)에 관해 설명하겠습니다.

브라이스컨이란 브라이스 팬에 의해 자주적으로 개최되는 국제적 이벤트입니다. 브라이스를 사랑하는 사람들이 모여 교류하기 위해 만들어졌습니다. 미국, 유럽의 여러 나라를 시작으로 다양한 나라에서 매년 개최되고 있습니다.

컨벤션에서는 작품의 판매는 물론이고 다양한 워크숍, 콘테스트, 전람회 등이 이루어집니다. 회장에 테이블도 있어 관람객이 인형을 늘어놓고 이야기를 나눌 수 있는 등 제각기 시간을 보낼 수 있습니다. 해외 참가자와의 교류도 컨벤션이 갖는 매력 중 하나입니다.

컨벤션은 일반적으로 일본에서 열리는 돌 이벤트와 달리, 많은 사람이 개장부터 폐장까지

브라이스 팬 미팅

◀ 나고야에서는 포토 프롭스로 촬영회를 열었어요.
▼ 니가타에서는 다 함께 기모노를 입고 '사도 오케사' 춤을 췄어요.

브라이스컨 재팬 진행위원회에서는 일본에서는 잘 알려지지 않은 브라이스컨을 알리고, 2016년 동경 브라이스컨 재팬을 홍보하기 위해 각지에서 팬 미팅을 가집니다. 브라이스컨을 본떠서 미니 기프트 백을 배부하고, 소규모 워크숍을 여는 등 3시간 정도의 작은 파티입니다만, 많은 분들이 즐겁게 교류합니다. 마지막에는 러플 행사도 하고 있습니다. 지금까지 많은 작가들이 이벤트 상품을 기부하는 등 도움을 주셨습니다.

티켓 구매 방법

브라이스컨 티켓은 예약 판매제입니다. 벤더Vendor(딜러) 티켓과 어텐디Attendee(참관객) 티켓을 각각 웹 사이트에서 구입할 수 있습니다. 컨벤션 기준 반년 전부터 발매가 되며 당일 판매는 없습니다. 대부분의 이벤트는 1개월 전에 판매가 완료됩니다.

브라이스컨 재팬 티켓은 2015년 12월에 발매 예정입니다.

먼저 딜러 접수가 있습니다. 약 100부스를 준비하려 합니다만, 딜러 참가가 많을 경우 추첨으로 결정됩니다. 그 뒤에 참관객 입장권이 발매됩니다. 입장권은 400장 준비했습니다. 티켓 요금은 딜러가 1만 엔, 입장권은 6~7천 엔으로 예정됩니다.

모든 문의는 웹 사이트를 이용해주시고 지불 방법은 계좌 이체입니다.

How to buy the ticket?

▲ 스페인 작가 브라이스 페어리 테일스Blythe Fairy Tales는 풀 커스텀 서비스(옷과 신발까지!)과 커스텀 디스카운트 티켓까지 준비해주신답니다.

러플Raffle과 기부Donations

브라이스컨에서 많은 관심을 모으는 러플의 상품은 모두 작가들의 기부로 이루어집니다. 여러분이 컨벤션을 더욱 즐길 수 있도록 작가들이 직접 만든 옷, 액세서리는 물론이고 구하기 힘든 커스텀 돌까지 모두 기부받은 것입니다.

브라이스컨 재팬의 웹 사이트에서는 러플 이벤트를 위한 기부 물품을 접수하고 있습니다.

심지어 이미 해외에서도 기부 신청이 이어지고 있습니다. 커스텀 돌과 드레스 세트 그리고 풀 커스텀 서비스까지 있습니다!

▲ 오스트레일리아 작가 차이나릴리 돌스Chinalilly Dolls는 커스텀 돌을 기부해주신답니다.

구디백Goody Bag

참가자 전원(딜러와 참관객 모두 포함)에게 배부되는 구디백 안에는 컨벤션 오리지널 굿즈, 배지, 스티커와 작가들이 기부한 굿즈와 카드, 당일 착용할 명찰과 러플 티켓도 1장 들어있습니다.

매회 개최국의 특색이 돋보이는 복주머니입니다.

사진은 시애틀과 뉴욕에서 열린 브라이스컨의 구디백입니다. 이벤트 오리지널 굿즈 외에 카드와 리본, 옷은 작가들이 기부한 것입니다. 구디백에 굿즈나 카드를 넣음으로써 자신의 작품을 많은 사람에게 알리는 기회도 됩니다.

Blythe Con Seattle 2014   Blythe Con NY 2013

Blythe Con Japan 계획

최합니다. 물론 무료로 참가할 수 있습니다.

이 밖에도 회장에 캡슐 뽑기 기계와 스티커 사진 기계 설치도 검토 중입니다. 어쨌든 여러분이 하루를 즐겁게 보낼 수 있는 이벤트를 만들기 위해 진행 위원회는 모든 노력을 기울이고 있습니다.

주최: Blythe Con Japan(브라이스컨 재팬 진행 위원회)
후원: (유)크로스 월드 커넥션CWC
협찬: (주)그래픽 샤, (주)호비재팬, (유)Pb'-factory, 나가야 인쇄(주), (주)만다라케, 시바마타 오사마도

▼ 브라이스컨 재팬 진행 위원회에서는 2016년 브라이스컨 당일에 다양한 이벤트를 기획 중입니다.

구디백은 백 자체도 소장 가치 있도록 만들고 드레스 세트와 오리지널 굿즈를 넣으려 합니다. 딜러를 포함한 참가자 전원에게 도시락과 음료를 드립니다. 홀 밖 공간에 약 100석 가량의 테이블을 설치하여 식사를 하거나 브라이스 친구와 즐거운 시간을 보낼 수 있도록 합니다.

회장에서는 약 100부스의 딜러가 물건을 판매하거나 자유 참가 형식의 워크숍을 개최합니다. 덧깃, 헤어 액세서리, 풀링 제작 등 누구나 참가할 수 있는 워크숍입니다.

또한, 1층의 별실에서는 전람회와 아티스트가 주관하는 워크숍, 시연회, 사진 촬영 등을 개

PLAY Room

FOR YOU AND DOLLS
THE JOINT EXHIBITION & SHOP

PLAYROOM 전 in 이세탄 신주쿠 점
2015. 6. 17 – 6. 23

2014년 나카메구로에서 개최된 화제의 〈PLAYROOM〉이 다시 개최됩니다! 2회째에 이세탄 신주쿠 점에서, 무려 일주일에 걸쳐 열립니다.

ZINE

◀ PLAYROOM 전을 기념하여 만든 한정 zine도 제작했습니다. 모델은 나카무라 리사 씨!

PLAYROOM the Book 1,620엔!

▲ 개최 첫날은 엄청난 행렬로 오후까지 입장 제한이 있었습니다. 이세탄 신주쿠 2층. 눈에 띄는 장소라서 인형에 관심이 없던 손님들도 귀여운 인형을 흥미롭게 구경했어요♡

okappalover

은은한 색을 겹쳐서 마치 꿈속 같은 부드러운 색채로 그려내는 okappalover 씨의 작품(리얼 사이즈) 자수 소재로 만든 액세서리 외에도 꽃 링 자수와 레이스로 발랄한 느낌의 클러치 백도 판매됩니다.

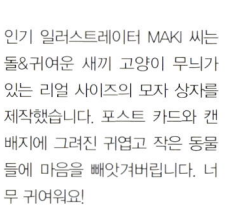

maki

인기 일러스트레이터 MAKI 씨는 돌&귀여운 새끼 고양이 무늬가 있는 리얼 사이즈의 모자 상자를 제작했습니다. 포스트 카드와 캔 배지에 그려진 귀엽고 작은 동물들에 마음을 빼앗겨버립니다. 너무 귀여워요!

mademoiselle yako

이번 호에 소개된 마드모아젤 야코 씨는 초여름에 어울리는 과일 장식이 잔뜩 달린 Yako doll을 판매합니다. 복고풍 소재를 조합한 시스터 사의 액세서리도 인기 만점이었습니다.

doll house

브라이스 공식 작가로 압도적인 인기와 지명도를 자랑하는 오다니 미유키 씨. 이번에는 머메이드 느낌의 드레스 세트 등을, 본인 말로 '역대 최대' 출품을 했지만, 첫날에 완판되어 버렸죠.

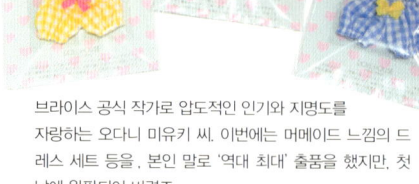

kurarasystem couture

일본에서 귀여운 문화를 대표하는 메이크업 아티스트 나미키 아키오 씨가 처음으로 참가했습니다. 넉넉한 프릴 장식의 수면 안대와 돌 & 리얼 사이즈 덧깃 등 소녀 같은 순백의 아이템이 눈에 띄었습니다.

kira imai

소녀의 카리스마, 인기 일러스트레이터 이마이 키라 씨의 신작은 'Pool of tears' 눈물의 바다가 테마입니다. 조개껍데기 무늬 타이츠 외에 복제 원화 등도 판매했습니다. 유니콘 무늬 휴대폰 케이스도 귀여워요!

BLYTHE is a trademark of Hasbro ©2015 Hasbro. All Rights Reserved.

riryuru

『Dollybird 21호』에서 소개한 리류 씨가 처음 참가했습니다. 인형을 위한 작은 인형은 지금은 손에 넣기 힘들 정도로 최고 인기 아이템이죠. 목 부분이 복슬복슬한 꿀벌은 이마를 살짝 가린 앞머리가 귀여워요!

michu coquette

지난번에 이어 다시 참가한 미추 코케트 씨. 브라이스 용 자수를 놓은 수면 안대가 귀여워요! 그 외에도 천을 붙이고 빈티지 카보숑을 단 리메이크 돌을 위한 가구(전시용)에 뜨거운 시선이 쏠렸습니다.

ouloui

위위의 후지모토 아야 씨의 신작은 티 세트 모양 스트로 모자와 같은 소재의 백입니다. 브라이스 사이즈지만 본인의 옷이나 가방에 포인트로 달아도 예쁩니다☆

vanilatte

인기 인형옷 작가 바닐라테의 리코 *Rico* 씨는 오리지널 프린트의 캐주얼한 티셔츠와 세트를 제작했습니다. 왕관과 고양이가 그려진 토트백은 리얼 사이즈와 인형 사이즈 콤비라서 더욱 기쁘네요☆

next playroom is...?

aketsun!

편안하고 온화함을 주는 복고적인 느낌과 눈길을 사로잡는 선명한 색이 적절하게 배합된 아케츤! 씨의 작품. 작은 인형은 귀걸이와 목걸이도 있습니다. 호환이 가능한 곰순이도 인기 만점이에요.

asuka iwai

소녀다운 색감이지만 유치해 보이지 않은 디자인으로 인기를 끄는 이와이 아스카 씨. 이번에는 브라이스 사이즈의 올인원과 투피스를 판매했습니다. 핑크와 블루의 'BE MINE' 베레도 있습니다.

etoile et griotte

이벤트 주최자이자 일러스트레이터, 디자이너 에뚜왈 그리오뜨 씨의 굿즈는 'HATE YOU' 'HUG ME' 등 '심쿵'한 단어가 가득 담긴 스티커와 캔 배지 등 종류도 다양합니다!

What kind of girl Cherry

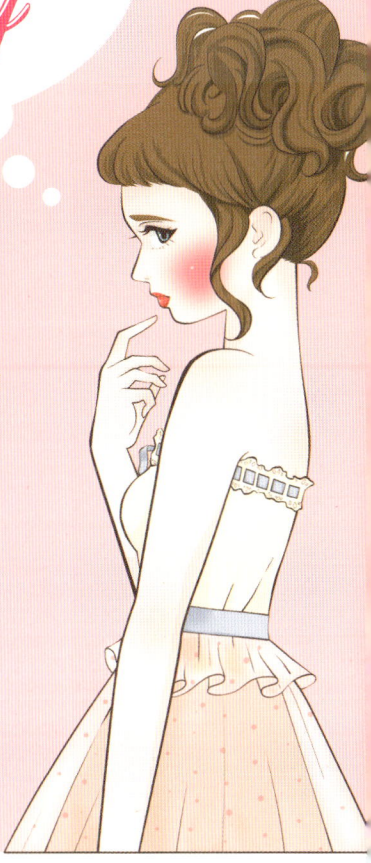

Cherry는 지금까지 없던 보디라인과
요염하면서도 소녀 같은 이미지의
돌로 만들고자 합니다.

돌 제작에서 중요한 사항인 원형은
모모코와 루루코의 원형을 제작한 사와다 공방의
사와다 케이스케 씨에게 부탁했습니다!

스타일리시하고 시크한 어른이 아닌, 그렇다고
천진난만한 어린아이도 아닌, 귀엽고 세련된 요즘 여자아이입니다.
그런 돌로 탄생하도록 다양한 이미지를
상상하며 디자인하고 있습니다.

원형 제작, 페인팅과 헤어스타일 선택,
드레스와 패키지 디자인 등 해야 할 일은 산더미지만
많은 분께 사랑받는 돌이 되도록 노력하고 있습니다.
Cherry의 완성까지 응원해주시고 기다려주시면 좋겠습니다.

☆ 이 프로젝트의 서포트는 2015년 3월에 종료됐습니다.

일러스트 : MAKI

Dollybird Report

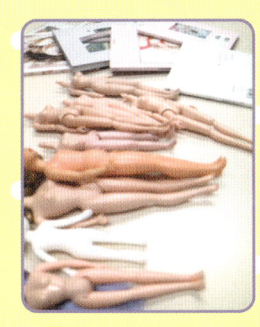

사와다 케이스케
momoko DOLL과 퓨어니모 등
다수의 돌 원형을 만든
인형 업계 굴지의 원형사.
피규어와 잡화, 전시물 등도
제작한다. 2006년 원형 제작 회사
〈사와다 공방〉을 설립했다.

8월 어느 날, 사와다 공방에서 두 번째 미팅을 가졌습니다.
오다니 씨가 여러 가지 돌과 사진집 등을 지참하여
원하는 보디라인과 크기, 가동력 등을 설명했습니다.
원형사 사와다 씨는 많은 질문을 하면서 메모를 하거나
러프 스케치를 하면서 원형의 이미지를 잡아갔습니다.

허리와 다리를 너무 가늘게 하지 않을 것.
가슴 위치를 너무 높게 하지 않을 것.
기존 슈퍼 모델 체형의 돌과는 차별화를 두는
'스타일 좋은 평범한 여자아이'를 이미지한 스타일 제안에
사와다 씨는 여성 작가다운 의견이라며 감탄했습니다.

이날 미팅을 바탕으로 설계 이미지 도면을 제작하고,
실제 조형에 들어갑니다.

다음 호에 계속, 기대해주세요!

MODEL : DDS (M-bust) (DDH-06)
WIG : VOLKS제 작가 개인 물품

언더 원피스

material(가로×세로)

〈오즈의 마법사〉
- 면 론 … 110cm × 20cm
- 밑단 용 레이스 … 0.8cm폭 × 80cm
- 깃 커프스 용 레이스 … 0.6cm폭 × 35cm
- 접착심지 … 1.2cm × 9.5cm
- 스냅 단추 … 2쌍

〈빨간 두건〉
- 면 론 … 110cm × 22cm
- 밑단 용 레이스 … 0.8cm폭 × 80cm
- 깃 커프스 용 레이스 … 0.6cm폭 × 45cm
- 접착심지 … 1.2cm × 9.5cm
- 스냅 단추 … 2쌍

※ 빨간 두건은 긴 소매, 둥근 깃 패턴을 이용합니다.

1. 앞뒤 몸판 패턴보다 크게 자른 원단에 핀턱을 잡고, 핀턱의 원단을 접어 다림질. 끝에서 1mm 지점을 박음질. 첫 번째 핀턱에서 7mm 간격으로 접고 다시 끝에서 1mm 지점을 박음질.

2. 1을 반복하여 6mm 간격 핀턱을 5줄 넣는다. 핀턱 방향을 잡아 다림질한다.

3. 핀턱이 중심으로 오도록 패턴을 맞춰 재단하고 올풀림 방지액을 바른다.

4. 치마도 같은 방법으로 단에 턱을 넣어 두고 전체 패턴에 맞춰 재단한다. 올풀림 방지액을 바른다.

5. 앞 몸판의 옆 다트를 겉면이 마주 보도록 겹쳐서 박음질한다.

6. 옆 다트 시접을 5mm만 남기고 잘라낸다. 올풀림 방지액을 바른다. 시접은 위로 접어 다림질한다.

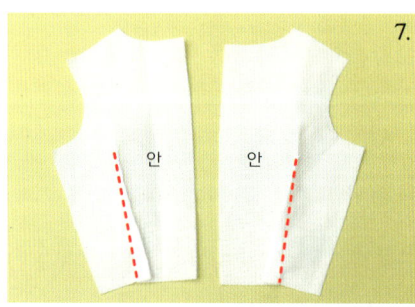

7. 뒤 몸판 다트도 박음질하고 시접은 가운데로 접어 둔다.

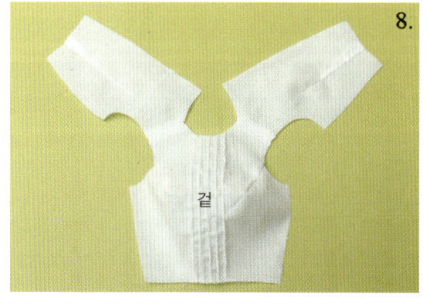

8. 치마도 같은 방법으로 단에 턱을 넣어 두고 전체 패턴에 맞춰 재단한다. 올풀림 방지액을 바른다.

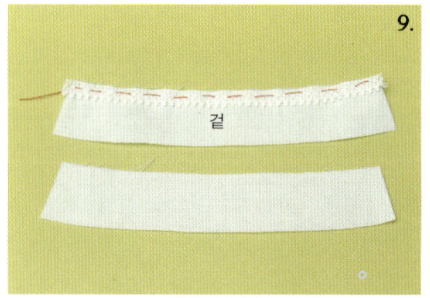

9. 몸판과 안단을 겉이 마주 보도록 겹치고, 목둘레와 소매둘레의 시접선 밖으로 시침질한다.

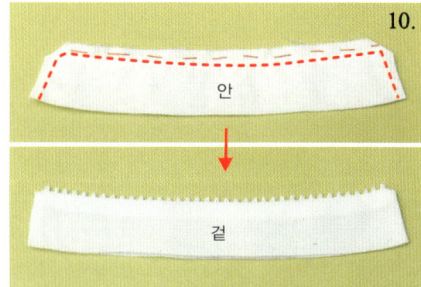

10. 다른 한 장의 깃을 겹쳐 겉면이 마주 보도록 겹친 다음 박음질하고 시접을 자른다. 시침질한 실은 빼내고 깃을 겉으로 뒤집고 다림질로 정돈한다.

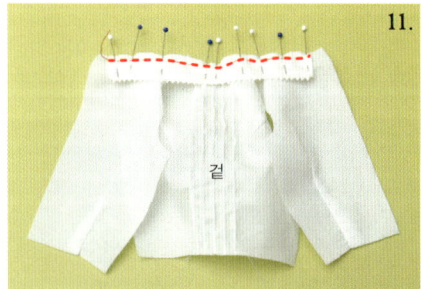

11. 몸판 목둘레에 가위집을 내고, 깃을 겹친 다음 시침질한 뒤 박음질한다. 시접은 아래로 접어 다림질한다.

12. 소매산 시접에 3mm폭으로 주름 잡을 스티치를 넣는다. 소매둘레에 맞게 주름을 잡는다.

21.
치마와 몸판을 겉면이 마주 보도록 겹쳐서 허리를 박음질한다. 시접은 위로 접어 스티치를 넣는다. 주름 잡을 때 쓴 실을 뺀다.

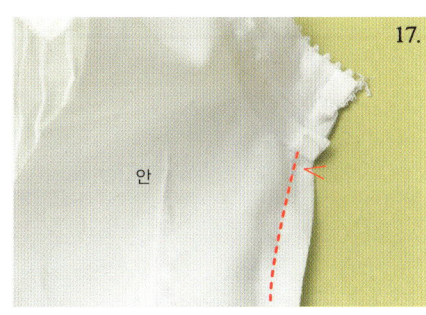

17.
몸판 옆선을 단에서 겨드랑이 쪽으로 박음질한다. 겨드랑이 아래 시접에 가위집을 낸다. 이렇게 소매 아래와 몸판 옆선을 따로 박음질하면 겨드랑이 시접이 울지 않고 반듯하게 마무리된다.

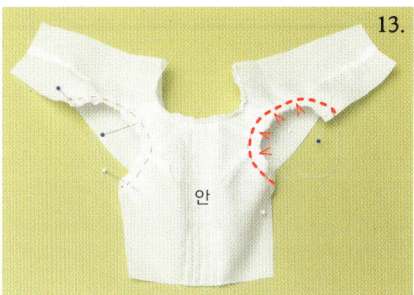

13.
몸판 소매둘레에 가위집을 내고 주름을 잡은 소매를 겉면이 마주 보도록 겹쳐 박음질한다.

22.
뒤트임 시접을 트임 끝보다 아래(밑단에서 8.5cm 정도 위치)까지 안으로 접어 박음질한다.

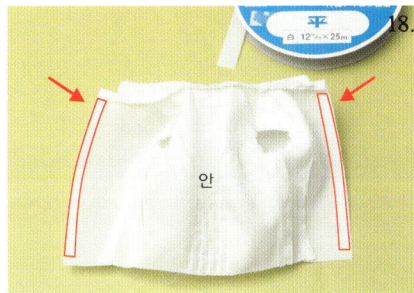

18.
접착심지를 6mm폭으로 잘라서 뒤트임 좌우 시접에 붙인다.

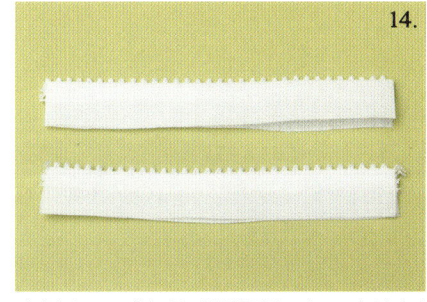

14.
깃처럼 커프스도 레이스를 끼워 박음질하고 겉으로 뒤집어서 다림질한다.

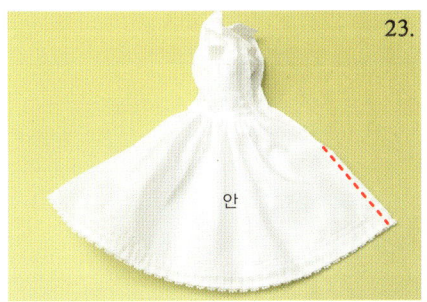

23.
치마 뒤 중심을 트임 끝까지 박음질한다. 시접은 펼쳐서 다림질한다.

19.
치마 밑단 시접을 접어 다림질하고 겉에 레이스를 겹쳐서 박음질한다.

15.
소매 입구에도 주름을 잡아 커프스를 꿰매 단다. 겉으로 뒤집고 시접은 위로 접어 다림질한다.

24.
뒤트임에 스냅 단추를 달면 완성.

20.
허리 완성선을 사이에 두고 주름 잡을 3mm 간격 스티치를 2줄 넣는다. 중앙을 표시하고 몸판 허리폭에 맞춰서 균등하게 주름을 잡는다.

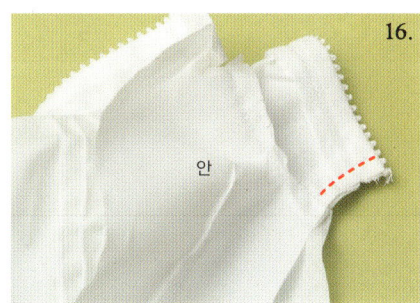

16.
소매 아래를 소매 입구에서 겨드랑이 쪽으로 박음질한다. 시접을 같이 박음질하지 않도록 주의한다.

오버 원피스

material(가로×세로)

〈오즈의 마법사〉
- 깅엄체크 … 100cm × 16cm
- 면 론 … 26cm × 12cm
- 밑단용 레이스 … 1.7cm폭 × 100cm
- 가슴용 레이스 … 0.7cm폭 × 25cm
- 리본(빨강) … 0.2cm폭 × 110cm
- 2mm 아일릿 … 10개
- 등 리본 … 0.3cm폭 × 80cm

〈빨간 두건〉
- 면 브로드 … 100cm × 16cm
- 면 론 … 12cm × 26cm
- 밑단용 레이스 … 1.7cm폭 × 100cm
- 가슴용 레이스 … 0.7cm폭 × 25cm
- 티롤리안 테이프(꽃) … 100cm
- 2mm 아일릿 … 10개
- 등 리본 … 0.3cm폭 × 80cm

※ 빨간 두건은 밑단에 티롤리안 테이프를 붙입니다.

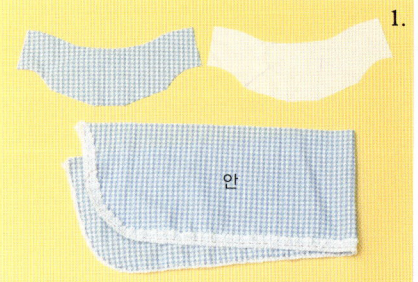

1. 각 패턴별로 재단하고 올풀림 방지액을 발라 둔다. 치마 안쪽 밑단 레이스를 안쪽이 위로 오게 겹치고, 스캘럽이 시접보다 1cm 더 나오게 박음질한다.

5. 시침질해둔 치마 밑단 레이스를 박음질하고 뒤집어서 다림질한 다음 스티치를 넣는다. 밑단에서 5mm 정도 지점에 2mm 리본을 꿰매 붙인다.

9. 송곳으로 구멍을 넓혀서 아일릿을 끼우고 뒤집은 다음 누름쇠로 마무리한다.

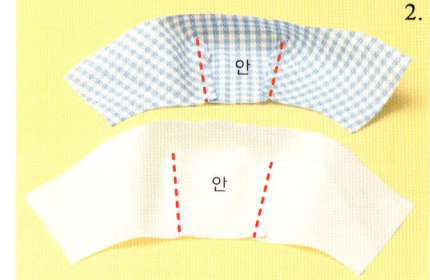

2. 겉감과 안감의 몸판 다트를 각각 박음질한다. 시접을 5mm 남기고 잘라내고 겉감 몸판 시접은 안쪽으로, 안감 몸판 시접은 바깥쪽으로 접어 다림질한다.

6. 허리 완성선을 사이에 두고 주름용 스티치를 3mm폭으로 넣는다. 몸판 허리폭에 맞춰서 주름을 잡는다.

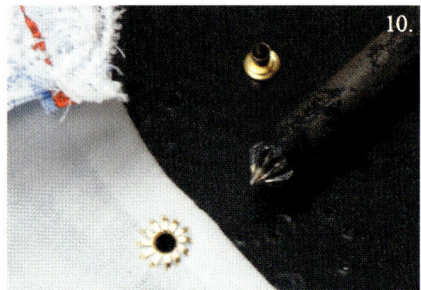

10. 아일릿 뒷면. 같은 방법으로 좌우 열 군데에 아일릿을 단다.

3. 몸판 겉감과 안감을 겉면이 마주 보도록 겹쳐서 시접은 모서리를 잘라내고 3mm폭으로 자른다. 이때 안감을 2mm 정도 위로 비켜 올리고 겉감 완성선에서 박음질하면 겉으로 뒤집었을 때 가슴선에 안감이 나오지 않아 예쁘게 마무리된다.

7. 몸판과 치마를 겉면이 마주 보도록 겹쳐서 박음질하고 시접은 위로 접어 스티치를 넣는다.

11. 아일릿에 리본을 끼우면 완성.

4. 겉으로 뒤집고 다림질한다. 몸판 윗 단에 레이스를 얹고 스티치를 넣는다.

8. 아일릿 위치를 표시하여 송곳으로 구멍을 뚫는다. 펀치보다 송곳으로 하는 게 천이 덜 상한다.

12. 아일릿을 다는 게 어려우면 뒤트임에 토숀 레이스 등을 꿰매 붙여 리본을 끼워도 된다.

빨간 두건

material(가로×세로)
- □ 면 브로드 … 80cm × 25cm
- □ 티롤리안 테이프(꽃) … 60cm
- □ 후크 단추 … 1쌍
- □ 리본 … 1.5cm폭 × 20cm

1. 패턴을 각각 잘라 올풀림 방지액을 발라 둔다.

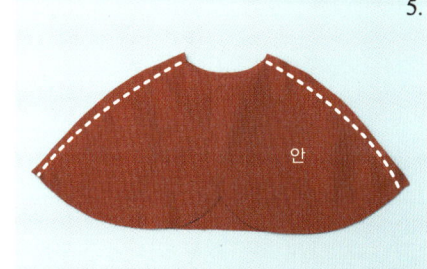

5. 앞 몸판과 뒤 몸판의 겉감을 겉면이 마주 보도록 겹쳐서 박음질한다. 안감도 같은 방법으로 박음질해둔다.

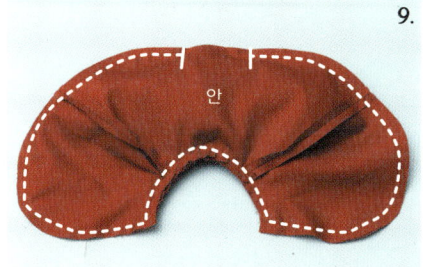

9. 밑단에 창구멍을 남기고 몸판 겉감과 안감을 박음질한다. 이때 안에 있는 후드를 꿰매지 않도록 주의한다.

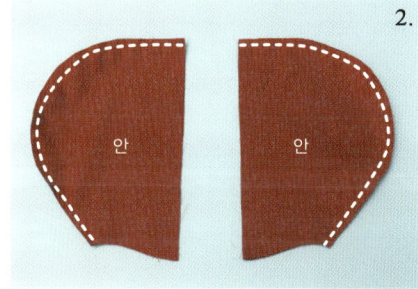

2. 후드 좌우의 겉감과 안감을 각각 겉면이 마주 보도록 겹쳐서 박음질한다.

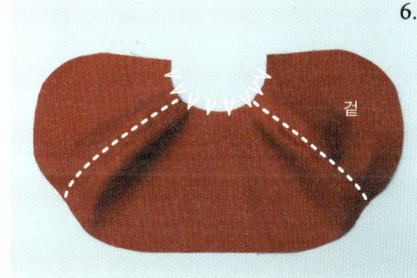

6. 몸판 겉감은 시접을 뒤쪽으로 접어 스티치를 넣는다. 몸판 안감은 시접을 펼쳐서 다림질한다. 몸판 겉감과 안감의 목둘레 시접에 가위집을 낸다.

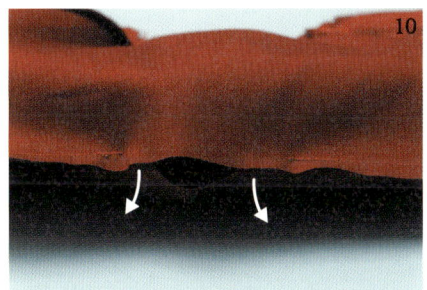

10. 전체 시접을 3mm만 남기고 잘라내고 모서리를 자른다. 목둘레 커브에 가위집을 내고 창구멍을 통해 겉과 가위로 잘 뒤집는다.

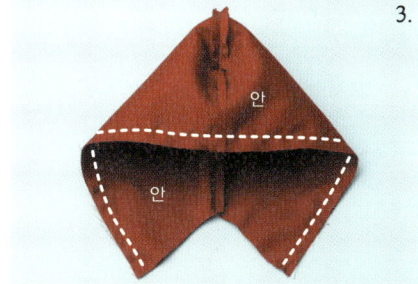

3. 후드 좌우 시접을 펼쳐서 다림질한다. 겉감과 안감의 후드를 겉면이 마주 보도록 겹쳐서 목둘레만 남기고 박음질한다. 시접을 3mm만 남기고 잘라낸다.

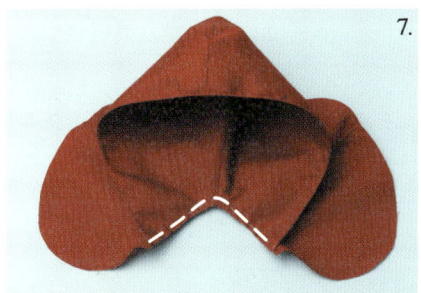

7. 몸판 겉감과 후드를 겉면이 마주 보도록 겹쳐서 목둘레를 시침질한다.

11. 끝까지 잘 뒤집고 난 다음 다림질한다.

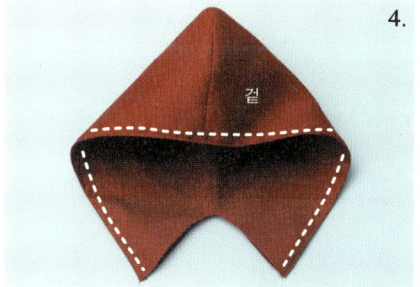

4. 후드를 겉으로 뒤집어 다림질로 정돈하고 스티치를 넣는다.

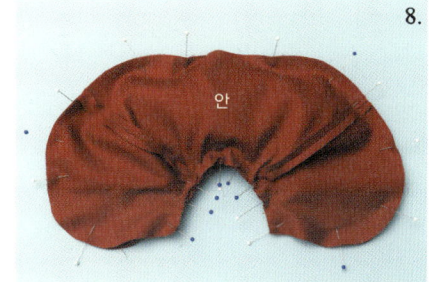

8. 7의 몸판 겉감과 후드 위로 몸판 안감을 겉면이 마주 보도록 올린다. 사이에 낀 후드가 시접에 걸리지 않도록 안쪽으로 접어두고 시접을 시침핀으로 고정한다.

12. 몸판 가장자리에 스티치를 넣는다. 후크 단추와 리본을 달고 티롤리안 테이프를 꿰매 달면 완성.

드로어즈 & 양말

material(가로×세로)

〈드로어즈〉
- 면 론 … 25cm × 20cm
- 레이스 … 0.8cm폭 × 45cm
- 납작 고무줄 … 25cm

〈양말〉
- 니트 … 15cm × 20cm
- 리본 … 0.3cm폭 × 10cm

9.

가랑이를 박음질한다. 겉으로 뒤집어 리본 등을 장식하면 완성.

5.
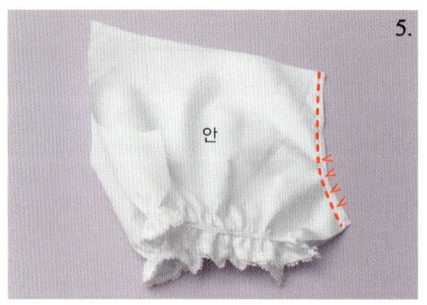
좌우를 겉면이 마주 보도록 겹쳐서 드로어즈의 앞쪽 밑위를 박음질한다. 시접은 가위집을 내고 펼쳐서 다림질한다.

1.
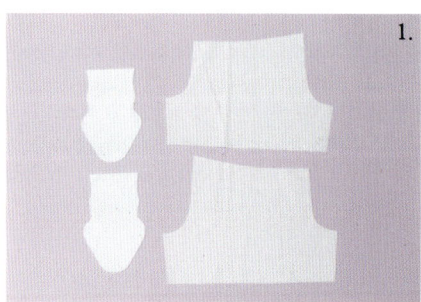
패턴을 각각 자르고 드로어즈 천에 올풀림 방지액을 발라 둔다.

10.
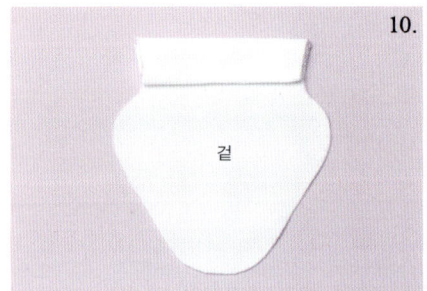
양말을 3겹으로 접는다. 좌우 양말 길이가 달라지지 않도록 주의.

6.

허리를 3겹으로 접어 다림질한다.

2.
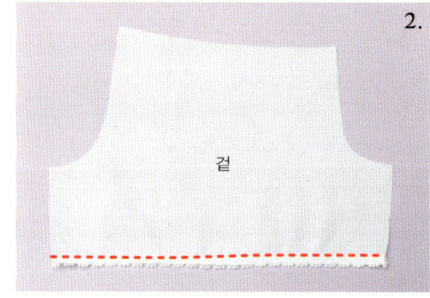
드로어즈 밑단을 완성선에 따라 접어 다림질하고 레이스를 겹쳐서 스티치를 넣는다.

11.
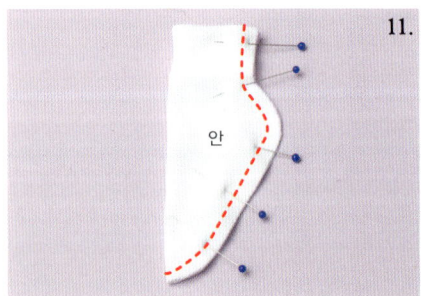
겉면이 마주 보도록 접어 시침핀으로 고정하여 박음질한다.

7.
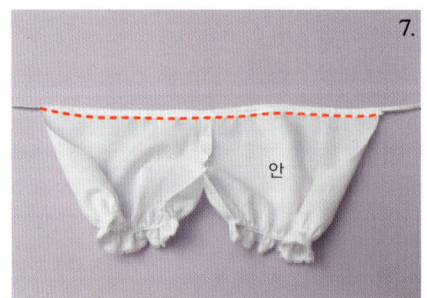
3겹으로 접은 사이로 고무줄을 넣은 상태에서 시침핀으로 고정하고 재봉틀로 박음질한다. 고무줄을 같이 꿰매지 않도록 주의한다.
(※ 3겹 부분을 먼저 박음질한 뒤에 고무줄을 넣어도 됨)

3.

복사 용지 위에 안쪽이 위로 오도록 천을 두고 제 위치에 고무줄을 놓고, 재봉틀로 한 땀 박아 고무줄을 당기면서 박음질한다.

12.

겉으로 뒤집고 뒤꿈치에 리본을 달면 완성.

8.

허리 사이즈에 맞춰서 고무줄을 잡아당기고(약 13cm) 겉면이 마주보도록 하여 드로어즈의 뒷면 밑위를 박음질한다.(고무줄도 같이 박음질) 시접은 가위집을 내고 펼쳐서 다림질한다.

4.

박음질을 다 했으면 고무줄을 약간 남기고 잘라낸 다음 복사 용지를 뜯어낸다. 고무줄이 줄어들어 사진과 같은 모양이 되면 제대로 된 것이다.

알려줘 Dollfie Dream®

DD 초보자의 질문에 대답하는 코너. 이번에는 PVC(소프트 비닐 계열) 소재의 돌 오너를 고민하게 하는 '착색' 문제를 다뤄보겠습니다.

Q. 착색은 왜 되는 걸까?

A. PVC 제품은 그 성질 때문에 착색되기 쉬운 '소재'입니다. 착색은 의상 등의 색소가 PVC 본체에 색소 침착하는 현상을 말합니다. PVC는 SD 등의 레진 소재나 ABS 플라스틱 등보다 부드럽고 탄력 있는 질감이 특징. '부드러움'을 표현하는 것이 PVC에 포함된 '가소제'라는 물질입니다. 가소제의 주성분은 산과 알코올이라 PVC 표면에는 늘 가소제가 휘발되고 있습니다. 휘발되는 만큼 반대로 외부 성분을 흡수하기 쉬우므로 다른 경질 소재보다 색소 등이 침투하기 쉽습니다. PVC 표면을 완벽하게 코팅해버리면 가소제가 휘발되지 못해 끈적거리게 됩니다. 따라서 현재로써는 제조 사이트에서 제안할 수 있는 완벽한 해결책이 없습니다. 보크스에서 발매되는 DD 케어용품 등을 활용하여 최대한 착색을 방지하는 게 가장 효과적입니다.

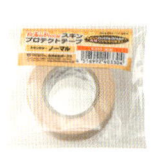

DD용 스킨 프로텍트 테이프 594엔
◀의상이 닿는 부분에 감아 착색을 예방하는 테이프입니다. 이 제품도 3가지 색이 있습니다.

돌피 헤드캡 627엔
▶헤드에 가발 색이 착색되지 않도록 예방하는 캡입니다. 2겹으로 탄탄하면서도 신축성이 좋은 원단이라 헤드에 딱 맞습니다.

DD용 보디 타이츠 2,376엔

▶DD와 DDS용(S~L 가슴 대응) 보디 타이츠, 의상 안에 입혀도 겉옷에 영향을 거의 주지 않고 신축성이 뛰어나서 자세를 잡을 때도 방해받지 않습니다. 노멀, 세미 화이트, 화이트 3가지 색이 있습니다.

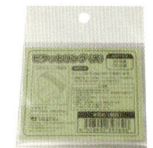

피타링(대) 324엔
◀실리콘 소재로 잘 늘어나는 링입니다. 가발 경계면에 붙이면 가발이 삐뚤어지는 것을 방지합니다. 위그 캡과 같이 쓰면 좋습니다.

〈제작 조형ⓒ보크스·조형촌〉
ⓒ2003-2015 VOLKS INC. All rights reserved.

Q. 착색이 되어버렸어!

A. 아무리 주의해도 착색되는 경우가 있습니다. 그럴 때 나타난 구세주! 보크스와 니신화학연구소가 공동 개발하여 탄생한 〈드림 레스큐〉는 PVC 돌 업계 최초, 공식 착색 제거제입니다. 단, 착색 원인과 성분에 따라 효과가 달라지거나, 생각지 못한 질감 변화가 생길 수 있습니다. 반드시 인형의 보이지 않는 부분에서 테스트한 뒤에 사용하시기 바랍니다.

드림 레스큐 1,944엔

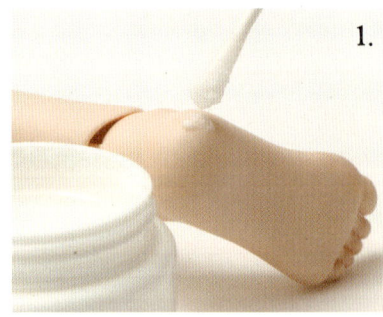

1.

약제를 잘 섞어서 면봉으로 DD의 변색 부분에 균일하고 얇게 펴 바른다.(뭉치르지 않도록 주의. 두껍게 발라도 안 됨) 더욱 효과적인 방법으로는 표면에 랩 등을 감아서 약제가 마르지 않도록 한다.

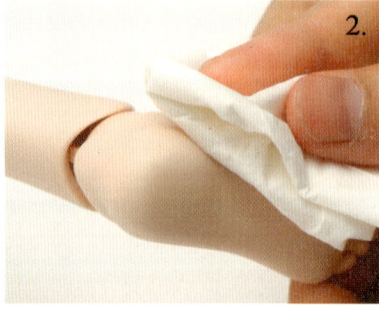

2.

약제를 바른 상태로 1~2일 정도 지나면 휴지나 부드러운 천으로 부드럽게 닦아낸다. 완전히 색이 지워지지 않았다면 같은 방법으로 다시 도포(3일 이상 방치하면 위험함) 마무리는 미지근한 물로 씻어낸다.

〈제작 조형ⓒ보크스·조형촌〉
ⓒ2003-2015 VOLKS INC. All rights reserved.

Q. 커스텀 레벨! 상급자를 위한 착색 케어는?
(본인 책임이에요☆)

A. 페인팅이나 커스텀 등에 거부감이 없는 분들을 위한 착색 대응책을 알려드리겠습니다. 단, 알코올과 시너 등을 DD 표면에 장시간 발라두면 PVC의 질감이 떨어지고 파손될 수 있으니 주의하시기 바랍니다.

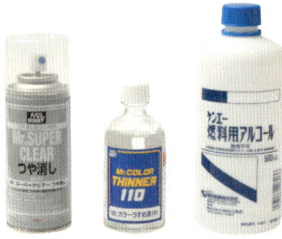 

여기서 사용하는 것은 〈Mr. 슈퍼 클리어 광택 윤지우기〉〈Mr. 컬러 희석액(시너)〉〈알코올〉입니다. 프라모델 전문점이나 도매점 등에서 살 수 있습니다.

1. 먼저 알코올을 솜에 적셔서 부드럽게 닦는다. 표면의 가벼운 얼룩(손때나 먼지 등)은 이걸로 닦아낼 수 있으므로 플레이 후에 표면을 가볍게 닦아두면 좋다.

 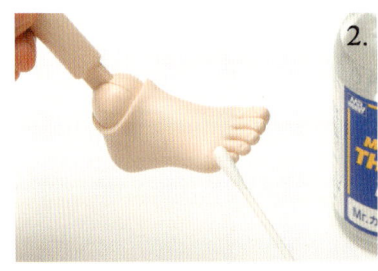

3. 색을 닦아내고 나면 표면에 알코올이나 시너가 남지 않도록 물로 잘 헹구고 말린다. 마무리로 광택 윤지우기 스프레이를 도포한다. 자외선이 걱정된다면 〈UV 컷〉 타입 스프레이를 뿌려도 좋다.

2. 알코올로 색이 닦이지 않으면 〈Mr. 컬러 희석액〉을 면봉에 묻혀서 착색된 부분을 부드럽게 닦아낸다. ※시너는 강한 용액이므로 페인팅 주변에는 사용하지 않는다!

Q. DD용 옷에 사용하는 원단을 고를 때 주의점은?

A. 물 빠짐이 있는 원단은 위험합니다! 미리 원단을 약간 잘라 물에 담가두고 물 빠짐이 있는지 확인하는 게 좋습니다. 단, 실크나 울 등의 원단은 물이 닿으면 질감이 바뀌거나 줄어들 수 있으므로 원단을 구입할 때 확인하는 게 좋습니다. 냉수나 온수(적정 온도)에 적셔서 색이 변하거나, 흰 종이가 물드는 원단이라면 물 빠짐 가공을 하는 게 좋습니다.

◀ 살짝 물기를 짠 원단은 흰 종이에 올려 말렸을 때, 색이 배어들면 위험합니다. 색이 전혀 남지 않을 때까지 물 빠짐 방지 처리를 합시다.

▲ 짙은 빨간 면직물을 40℃ 물에 담가서 하루 방치했습니다. 물이 꽤 많이 빠졌네요. 이렇게 물 빠짐이 심한 원단은 사용하지 않는 게 좋습니다.

물에 담그면 안 좋은 원단 :
견, 울, 캐시미어, 앙고라, 알파카, 가죽, 스웨이드, 합피, 주름 가공 원단 등
※ 단, '물빨래 가능' 타입은 OK.

물 빠짐이 심한 원단 :
데님, 인도면, 에스닉 계열의 화려한 무늬, 짙은 색의 마, 짙은 색의 면, 가죽, 합피 등
※ 기본적으로 색이 짙거나 가격이 싼 원단 등은 위험할 수 있습니다.

Q. 물 빠짐 방지 방법을 알려줘!

A. 물론 다양한 방법이 있지만, 여기서는 구매하기 편하고 쉽게 할 수 있는 〈물 빠짐 방지제〉를 사용하여 처리하는 방법을 소개합니다. 가끔 실에서도 물 빠짐이 일어나는 경우가 있기 때문에 원단 상태일 때 먼저 처리한 뒤 재봉 후에 한 번 더 물 빠짐 방지 처리를 하는 것이 좋습니다. 하지만 물 빠짐 방지 처리를 했어도 100% 착색되지 않는다는 보장은 없으므로, 주의하시기 바랍니다.

◀ 이번에 물 빠짐 방지 테스트로 사용한 제품은 〈다이론 컬러 스톱〉 〈베스트 픽스〉 〈미카놀 색 방지제〉입니다. (사진에는 미카놀이 올라와 있습니다) 이 제품들의 효과가 있는 원단은 면, 마, 레이온입니다. 수공예 용품점이나 인터넷 등에서 구매 가능합니다.

1. 미지근한 물 1리터당 미카놀을 뚜껑 절반(2cc) 정도 섞는다.

2. 물 온도는 원단에 표시된 '취급 표시를 근거로 한 최적 온도'를 참고. 모를 때는 원단을 살 때 확인한다.

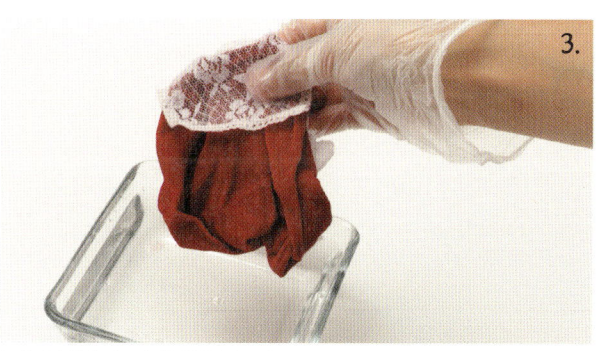

3. 물에 적신 원단 또는 의상을 천천히 담근다.

4. 중간에 가끔 뒤집어가며 약 40분 정도 담가둔다.

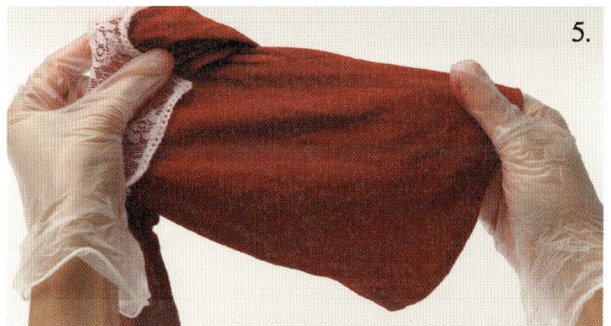

5. 물빨래한 뒤 살짝 물기를 짜내고 원단을 잘 펼쳐서 그늘에 말린다. 물기를 짤 때 물 빠짐이 있으면 일단 말린 뒤에 다시 물 빠짐 방지 처리 작업을 한다.

크악—

바느질
소녀

고마워
...

**바느질
소녀**

바느질 소녀

『바느질 소녀』
아메노모리 히로코
●발행처/지츠교노니혼 사
●741엔+ 부가세
●발매 중
●B6판

카노
학교에서 고립된 독서를 좋아하는 여자아이.
교복 아래에 드로어즈를 입은 숨은 로리타.

카노 인형
야마네가 직접 만들어서 카노에게 선물한 인형.

야마네 치야
인형옷 만들기가 취미인 여고생.
이지메를 지적하자 새로운 타깃이 된다.

쿠마미
야마네가 정성을 다해 만든 테디 베어.

아메노모리 히로코 interview

인형옷 시착 수주회 주최와 인형 프로듀스를 하는 등 인형옷 작가로 활약하는 아메노모리 히로코 씨. 갑작스레 만화가 데뷔를 하게 된 과정을 파헤칩니다.

Q. 갑자기 만화 집필을 하게 된 이유

10년을 인형옷 작가로 살면서 지금도 충분히 행복하지만, 인형옷으로 표현하기에는 한계를 느끼는 부분이 있었어요. 옷은 물건이라서 아무리 이야기와 마음을 전하려고 해도 한계가 있어요. 그리고 인형 세계관을 빌어 표현하기 때문에 제가 만든 작품이라도 100% 오리지널이 아니라고 생각하고 있었고요. 이런 애매한 기분을 해소하려면 어떡해야 할까 고민하던 차에, 만화를 그리게 됐죠. 야마네와 카노는 지금까지의 제 삶을 통해 자연스럽게 나온 캐릭터라서 고민해서 나왔다기보다 자연스럽게 그려낼 수 있었어요.

Q. 인형옷 작가와 만화가, 두 창작 활동을 병행하면서 힘든 점은?

창작하는 데 있어서 다른 점이 있습니다. 인형옷은 상상을 형태로 만드는 기술자의 작업이고, 만화는 등장인물의 마음으로 전환되는 좀 더 불안정한 작업입니다. 옆에서 보면 전혀 다른 활동 같아 보이지만 제 안에서는 자연스럽게 융화된 느낌입니다. 만화에서 옷을 그릴 때는 여기는 이런 토숀 레이스고, 원단은 실크라는 식으로 실물이 자연스럽게 떠올라요. 그래서 자연스럽게 실물을 만들고 싶어지고, 반대로 인형옷을 먼저 만들 때는 만화에서 카노에게 입히고 싶다는 생각이 들어요. 힘든 점은 없고, 솔직히 즐겁습니다.

Q. 앞으로 계획은

지금처럼 두 가지를 병행할 수 있을 때까지는 다 하고 싶어요. 『바느질 소녀』의 등장인물은 제가 지금까지 보고 듣고 느낀 것과 이루지 못한 일, 고민이나 기쁨 등 모든 것에서 태어난 캐릭터입니다. 그래서 그들이 앞으로 이야기 속에서 어떤 꿈을 좇을지, 얼마나 자신다운 삶을 살지가 제 꿈과도 연결된다고 생각해요. 그걸 또 인형옷이라는 형태로 만들고, 만화로 이야기를 이끌어가는 게 지금 제가 하고 싶은 일입니다. 『바느질 소녀』를 읽어주신 여러분 정말 고맙습니다. 이야기는 계속 이어집니다. 이번 특집을 통해 흥미를 느끼신 분들도 『바느질 소녀』의 야마네를 만나러 와주시면 감사하겠습니다.

Q. 어린 시절과 만화

유치원생 때부터 만화를 무척 좋아했습니다. 잉크 펜을 처음 사용한 때가 초등학교 3학년이었고, 5학년 때에는 만화 투고를 했던 기억이 나네요. 초등학생 때는 고양이가 주인공인 만화책을 직접 만들어서 학교 친구들에게 보여주면서 놀았어요. 하지만 중학생이 되자 갑자기 그런 자신이 창피해져서 그 뒤로는 몰래 혼자 그렸어요. 만화를 그리는 게 좋았지만, 창피하다는 생각에 필사적으로 숨겼던 자신이 무척 싫기도 했죠. 로리타 옷을 몰래 입은 카노 같았어요. 그래서 카노가 커밍아웃했을 때는 감동해서, 그리면서 울었어요.

고교 진로 상담 때는 만화가가 되고 싶다는 말을 창피해서 절대 입 밖으로 꺼내지 못하고 디자인 전문학교 진학이라고 적어냈어요. 하지만 자신을 속인다는 생각에 견딜 수 없어서 '아무래도 그만 두겠습니다'라고 말하고 진학을 포기했죠. 고등학교를 졸업하고 다음 해에 대형 출판사의 만화 공모전에 입선해서 데뷔가 결정됐어요. 드디어 만화가의 길에 들어섰다고 생각하겠지만, 이때 다시 한 번 생각을 하게 됐어요. 연애물을 그리지만, 연애는 해본 적 없는 내가 또 자신에게 거짓말을 하고 있다고요. 그리고 만화와 관련이 없는 대학에 들어갔어요. 대학 생활을 하면서 만화가 어시스턴트 아르바이트를 했어요. 하지만 당시의 꿈은 만화가가 아니었어요. 그러다가 야근이 많은 어시스턴트를 그만두고, 평범한 아르바이트를 시작했어요. 그 뒤로는 학업과 청춘 생활을 보냈고요. 제 학창시절은 정말 야마네처럼 어떻게 하면 나답게 살 수 있을까를 매일 고민하며 몸부림쳤던 시기였어요. 그때는 이룬 게 없었지만, 지금 생각하면 전혀 쓸모없는 시간은 아니었다고 생각합니다.

Q. 인형옷 작가로 활동하게 된 경위

옛날 옷이 유행하던 때 데님 커스텀 등을 하면서 옷 만들기에 눈뜨게 됐어요. 늘 뭔가에 관심이 생기면 돌진하는 성격이라, 대학 생활과 병행하면서 아르바이트로 번 돈으로 야간 전문학교에 다녔습니다. 취직하고는 제시간에 다닐 수 없어서 그만둘 수밖에 없었지만, 옷을 만들고 싶어서 다시 직장인 코스를 다녔어요. 브라이스를 만나고 난 뒤로는 인형옷에 몰입하게 됐어요. 그 당시 제게 도움을 주신 재봉 학교 선생님과는 지금도 연락을 주고받고 있어요. 제 활동을 기뻐해 주셨어요.

Dolly Pattern Workshop VIII

'트임'을 만들다

•

아라키 사와코

Dolly Pattern Workshop VIII

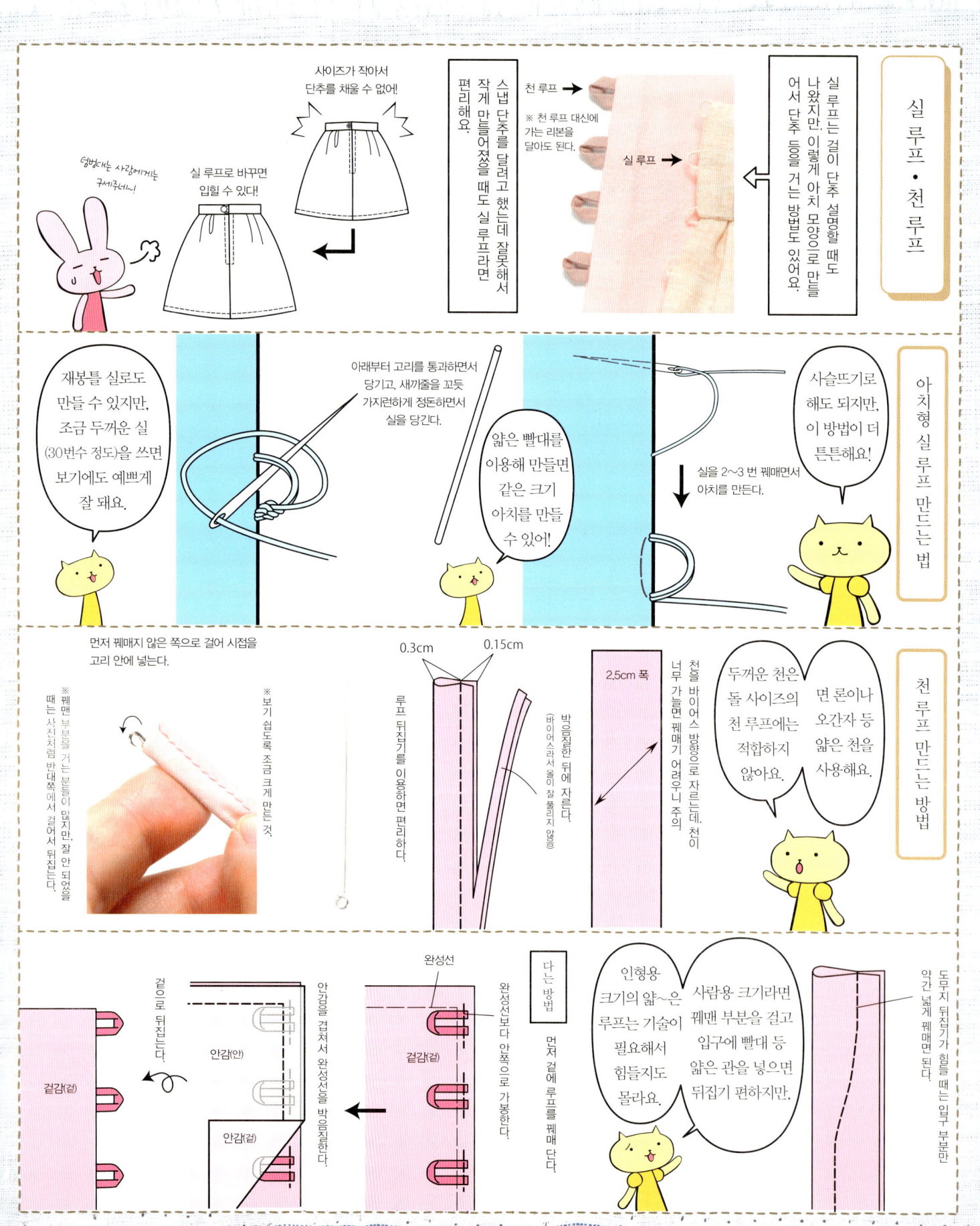

Dolly Pattern Workshop VIII

Dolly Pattern Workshop VIII

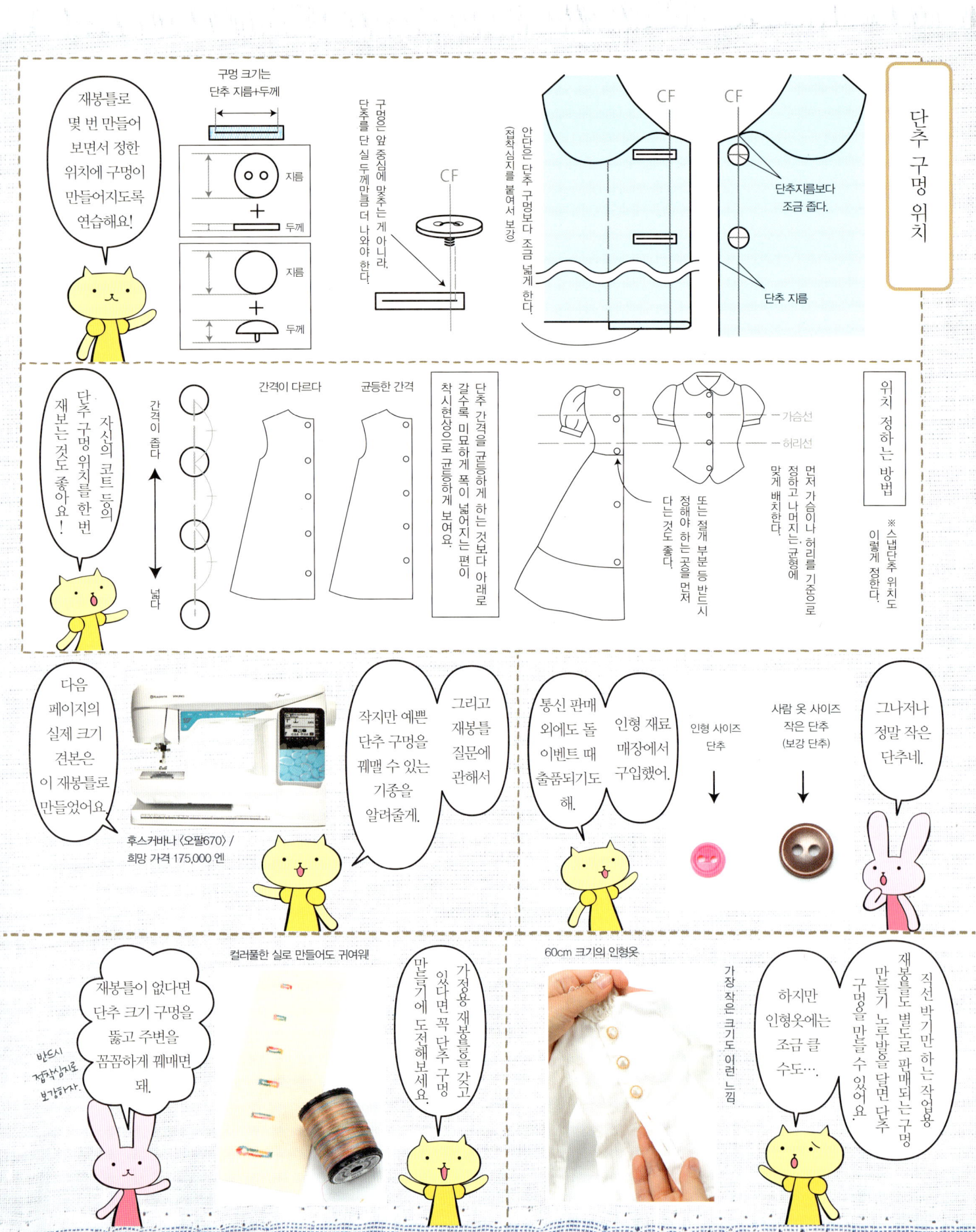

Dolly Pattern Workshop VIII

거의 실제 크기예요

NEWS 엑스☆큐트 11주년

<엑스☆큐트> 10주년을 기념하여, 시리즈 제11탄이 드디어 시작!
11주년은 인기 돌 디자이너들이 동화 속 주인공을 주제로 엑스☆큐트를 디자인한 <오토기 노 쿠니(Otogi no kuni)> 컬렉션입니다.

문의 아존 인터내셔널
http://www.azone-int.co.jp
※ 판매 완료된 상품도 있습니다.

KORON
Otogi no kuni
'빨간 망토 코론Little Red Hood Koron'
Design by Sleep
<동화 나라 / 빨간 망토 코론>
14,000엔 + 부가세
2015년 8월 발매
아존 다이렉트 스토어
한정 발매

빨간 망토와 늑대를 모티브로 코론 의상을 디자인한 Sleep 씨. 프릴을 단 귀여운 케이프와 리본 달린 포셰트 등 다른 아이템에도 쓸 수 있는 액세서리가 있어서 더욱 좋습니다.

KORON
Otogi no kuni
'작은 늑대 코론Little Wolf Koron'
Design by Sleep
<동화 나라 / 늑대 코론>
14,000엔 + 부가세
2015년 8월 발매

빨간 망토와 색이 다른 앞치마는 블라우스와 치마, 뷔스티에 스타일 파니에 등 다양한 스타일링으로 즐길 수 있도록 겹쳐 입었습니다. 늑대 후드는 머플러로도 쓸 수 있습니다.

RAILI
Otogi no kuni
'백조의 호수 라이리Swan Lake Raili'
Design by 토키노리 자매
<동화 나라/ 백조의 호수 라이리>
14,000엔+ 부가세
2015년 9월 발매

이마 여드름 등의 디자인으로 알려진 토키노리 자매가 백조의 호수를 모티브로 라이리를 디자인했습니다. 케이프 아래에 블라우스와 뷔스티에를 입었습니다. 단독으로도, 겹쳐서도 즐길 수 있어요. 비즈와 레이스 등 섬세한 장식이 훌륭합니다!

LIEN
Otogi no kuni
'잠자는 숲속의 공주 리안Little Briar Rose Lien'
Desigh by SILVER BUTTERFLY
<동화 나라/ 잠자는 숲속의 공주 리안>
14,000엔+ 부가세
2015년 6월 발매

잠자는 숲속의 공주를 모티브인 진홍색 장미로 장식한 화려한 이 미니 드레스는 SILVER BUTTERFLY 씨가 디자인했습니다. 재킷을 벗으면 뷔스티에 드레스로 변신 긴 트레인이 우아한 분위기를 자아냅니다.

ROSEN KNOPP

블레이드로 만든 육일돌 사이즈 캉캉 모자가 리얼해서 귀엽다는 평판이 자자한 rosenknopp 씨. 중절모와 카우보이모자도 완성도가 매우 뛰어납니다!

ALL NURDS

가슴에 이름을 새긴 명찰과 영자 신문 가방이 포인트인 흑백 코디네이션. 셔츠 원단과 니트 원단의 조합이 뛰어납니다. 교환해서 입혀도 귀여워요♡

베비도우
BEBI DOU

초대 momoko를 본떠 만든 8cm 정도 크기의 작은 패브릭 인형. 옷을 갈아입힐 수 있어요! 가슴에 그려진 복숭아 무늬와 얼굴은 전부 직접 그린 작품입니다.

PASTEL FLOWER

왼쪽은 세일러 킷 재킷과 모자, 오른쪽은 카디건과 세트인 Pastel Flower 씨의 아가씨 코디네이션. 전부 다 팔리고 남은 건 이것뿐….

HARD PAIN-MINI

육일계 장인의 신작은 버클을 단 벨트. 황동 버클은 두드린 정도에 따라 3종류의 무늬로 제작됩니다. 벨트가 접히는 부분은 종이처럼 얇게 만들어져있습니다.

ARET

육일 사이즈에서 매번 포인트를 잡아낸 조형 작품을 발표하는 ARET 씨. 신작은 조금 부드러운 소재로 만든 육일 러버 샌들. 4가지 모양에 12가지 색으로 공개!

F.L.C. +YURI

momoko 본체와 의상, 소품, 배경을 전부 세트로 만든 엄청난 작품. 리얼리티 개념을 가볍게 초월한 셔츠+파카를 겹쳐 입었습니다. 오래 사용한 듯한 앞치마와 낡은 질감의 마룻바닥도 주목하세요!

모미지+바니라테
MOMIJI +VANI LATTE

검은 레이스+자유롭고 어른스러운 여름 스타일 미녀 삼총사. 모미지 씨의 각기 다른 페인팅&헤어스타일이 아름답습니다! 속눈썹 외에 앞머리도 일부 식모.

2015 NEW DOLLS

『돌리버드 21호』 이후로 발매된 신작 인형 정보를 소개합니다.
한정 수량 작품 등 판매 완료된 것도 있으니 양해바랍니다.
가격은 전부 8% 부가세 포함된 금액입니다.

TAKARA TOMY

성인 여성이 즐길 수 있는 새로운 리카, 일명 〈LiccA〉가 탄생했습니다! 하이힐을 멋지게 신을 수 있는 새로운 보디와 어른스러운 패션이 이목을 끄는군요. 큰 화제가 된 제1탄 올리브 페플럼 스타일은 첫 생산도 두 번째 생산도 예약 판매 완료. 트렌치코트와 백으로 세련된 모습의 제2탄도 시선을 잡아끄네요.

〈문의〉
다카라 토미 고객 상담실
0570-041031
(평일 10:00~17:00)

▶ 첫 생산분 1,000개 바로 예약 완료, 새로운 보디가 궁금하네요!

LiccA 스타일리시 돌 컬렉션
〈올리브 페플럼 스타일〉
● 10,800엔
● 예약 판매 완료, 2015년 겨울 발매

◀ 트렌치코트를 어깨에 걸친 세련된 리카☆

LiccA 스타일리시 돌 컬렉션
〈카푸치노 원피스 스타일〉
● 가격미정
● 발매일 미정

characters

리카라이즈 앤에는 친숙한 모자와 가방 외에도 매튜가 선물한 '부풀 소매 드레스'도 있습니다. 일본도 전Evangelion and Japanese Swords 모델인 기모노 복장의 아스카는 일본도와 장식대까지 세트입니다!

리카라이즈 〈빨간머리 앤〉
● 14,040엔
● 2015년 11월 2일 예약 완료

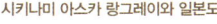

시키나미 아스카 랑그레이와 일본도
● 16,200엔
● 2015년 9월 28일 예약 완료

TAKARA TOMY

로코코 스타일의 14th 기념 돌을 시작으로, 마이멜로디와 콜라보하거나 5년만의 태닝 피부 브라이스 등 올해도 네오와 미디 브라이스는 이슈의 중심입니다!

〈문의〉
타카라 토미 고객 상담실
0570-041031
브라이스 공식 사이트(CWC)
http://www.blythedoll.com

Neo Blythe

네오브라이스
〈체리・비치・선셋〉
● 16,092엔
● 2015년 7월 발매

CWC 한정 네오 브라이스
〈마이멜로디♥브라이스 Softly Cuddly You&Me〉
● 28,620엔
● 2015년 9월 발매

네오브라이스
〈체크 잇 아웃〉
● 18,144엔
● 2015년 9월 발매

하스브로 한정 네오 브라이스
〈스프라이트 뷰티〉
● 18,360엔
● 2015년 5월 발매

네오 브라이스
〈레주네트〉
● 16,092엔
● 2015년 5월 발매

CWC 한정 14주년 기념 네오 브라이스
〈도핀 드림〉
● 26,892엔
● 2015년 5월 발매

Middie Blythe

미디브라이스 〈쿨・풀・레모네이드〉
● 12,744엔
● 2015년 8월 발매

CWC 한정 14주년 기념 미디 브라이스 〈리틀・닷체스・조젯〉
● 16,956엔
● 2015년 7월 발매

미디 브라이스 〈픽시 피스풀〉
● 11,664엔
● 2015년 4월 발매

Pullip

GROOVE

2015년 새 시리즈는 〈앨리스 인 스팀펑크 월드〉입니다. 시계나 톱니바퀴 등 기계 장치 모티브는 앨리스의 세계관과 딱 맞아떨어집니다! 돌 쇼 인기투표에서 당당히 1위를 거머쥔 이브스윗도 발매합니다.

〈문의〉
그루브
info@groove.ws

푸리프 〈이브스윗〉
● 19,440엔 ● 2015년 9월 발매

푸리프 〈모자 장수 인 스팀펑크 월드〉
● 19,440엔 ● 2015년 7월 발매

푸리프 〈앨리스 인 스팀펑크 월드〉
● 19,440엔 ● 2015년 6월 발매

이슬 〈화이트 래빗 인 스팀펑크 월드〉
● 19,440엔 ● 2015년 8월 발매

PetWORKS

아티스트 콜라보 신작은 Special toy box 디자인의 치카입니다. 투명한 느낌의 메이드 스타일 원피스가 시원한 느낌을 주네요. 인기 많은 ruruko도 계속 나온다니, 기쁜 함성이 절로 나오네요!

〈문의〉
펫워크스 돌 사무부
http://www.petworks.co.jp/doll/

PW-momoko ae 〈S,T,B〉 치카
● 23,760엔 ● 2016년 초여름 발매

CCS 15AT momoko kimono PS
● 23,760엔 ● 2015년 10월 발매

momoko

CCS 15AN momoko
● 21,600엔
● 2015년 8월 발매

Today's momoko 1505
● 16,740엔 ● 2015년 5월 발매

[CCS girl 15AN ruruko PS]
● 20,520엔
● 2015년 9월 발매

ruruko

〈주사위 무늬 기모노 ruruko PS〉
● 21,600엔
● 2015년 10월 발매

[Fresh ruruko 1509]
● 15,120엔
● 2015년 9월 발매

〈투투 ruruko〉
● 16,740엔
● 2015년 7월 발매

〈리틀 레이디 ruruko〉
● 20,520엔
● 2015년 5월 발매

SEKIGUCHI

세키구치 momoko 10th 기념 모델 〈딥 바이올렛〉은 10년 전 〈퓨어 바이올렛〉의 리디자인입니다. 페인팅은 요즘 디자인으로 하고, 눈은 정면을 향합니다!

〈문의〉
세키구치고객서비스센터
0120-041-903

momoko DOLL
〈딥 바이올렛〉
● 13,824엔
● 2015년 8월 발매

momoko DOLL
〈소프트 핫 밀크〉
● 13,824엔
● 2015년 9월 발매

Wake-Up momoko DOLL
〈WUD-019〉
● 7,344엔
● 2015년 4월 발매

Wake-Up momoko DOLL
〈WUD-020〉
● 7,344엔
● 2015년 4월 발매

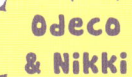
Odeco & Nikki

〈벌거숭이 니키〉
● 5,184엔 ● 2015년 9월 발매
※의상, 구두는 불포함.

AZONE INTERNATIONAL

103쪽의 엑스☆큐트와 11주년 모델 외에도 핑크가 테마인 SAHRA'S와 KIKIPOP!의 아웃핏 등 아존에서는 크고 작은 다양한 돌이 등장합니다.

〈문의〉
아존인터내셔널
http://www.azone-int.co.jp

KIKIPOP!

KIKIPOP!의 아웃핏 브랜드 〈버섯 플래닛〉이 데뷔했습니다. 라이트 블루와 핑크 2종류로 둘 다 부츠 포함입니다.
☆인형 본체 불포함.

Sahra's a·la·mode~Pink! Pink! a·la·mode~
〈White×Pink / 마야(일반판) (한정판)〉
● 각 14,040엔 ● 2015년 5월 발매

Sahra's a·la·mode~Pink! Pink! a·la·mode~
〈Blue×Pink / 마야(일반판) (한정판)〉
● 각 14,040엔 ● 2015년 6월 발매

SAHRA'S

사라즈 아·라·모드의 새 시리즈는 핑크를 메인으로 한 코디네이션 〈Pink! Pink! a·la·mode〉입니다. 왼쪽이 일반판, 오른쪽이 아존 다이렉트 스토어 한정판입니다.

이슬
〈화이트 래빗 인 스팀펑크 월드〉
● 6,480엔 ● 2015년 5월 발매

오비츠 50cm를 베이스로 한 오리지널 시리즈 〈Happiness Clover〉와 〈Black Raven〉의 신작입니다.

1/3 DOLL

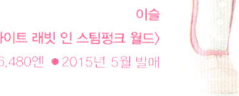

Sahra's a·la·mode~Pink! Pink! a·la·mode~
〈Black×Pink / 유즈하(일반판) (한정판)〉
● 각 14,040엔 ● 2015년 7월 발매

Sahra's a·la·mode~Pink! Pink! a·la·mode~
〈Gray×Pink / 리세(일반판) (한정판)〉
● 각 14,040엔 ● 2015년 9월 발매

Lil Fairy

포토 노벨 〈릴 페어리〉에 첨부된 응모권으로 신청할 수 있는 한정 돌입니다. 응모 마감은 9월 30일 소인까지!

〈포토 노벨 릴 페어리 발매기념 모델 / 리프, 에르노, 벨〉
● 각 8,640엔 ● 2015년 9월 30일 예약 완료

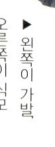

왼쪽이 가발
오른쪽이 식모

〈WESTERN VILLAGE LAND / 유아(가발 버전) (식모 버전)〉
● 각 48,600엔 ● 2015년 12월 발매

48 Luluna
〈Shooting to The Abyss ~방황하는 영혼~ (한정판)〉
● 50,760엔 ● 2015년 8월 발매

©오모이아타루/AZONE INTERNATIONAL ©KINOKO JUICE/AZONE INTERNATIONAL
©AZONE INTERNATIONAL

BOOK
도서소개

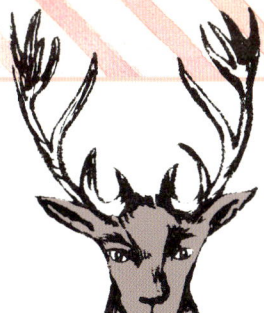

『처음 시작하는 인형옷 패턴 교과서』
어떤 종류, 어떤 사이즈에도 적용되는 패턴의 기본과 응용, 입체 재단까지!
- 펴낸곳 / 라의눈 ● 저자 / 아라키 사와코
- 가격 20,000원 ● 2016년 9월 19일 출간

처음 시작하는 인형옷 패턴 교과서

어떤 종류, 어떤 사이즈에도 적용되는
패턴의 기본과 응용, 입체 재단까지!

| 아라키 사와코 지음 · 안나진 옮김 |

어떤 사이즈의 인형이라도 O.K!

11cm **20cm** **27cm** **40cm** **60cm** …

오비츠11, 미니 돌피, 유노아 크루스, 브라이스 등
인기 인형 30종의 기본 패턴을 실크기로 수록!

《Dollybird》의 인기 연재, 국내 최초로 출간!

『돌리버드』에서 인기리에 연재 중인 아라키 사와코 선생의 〈Dolly Pattern Workshop〉이 드디어 책으로 출간되었습니다!
페이퍼 크래프트 감각으로 시작하는 자신만의 인형옷 패턴 만들기. 갖고 있는 인형을 위한 옷을 처음부터 디자인하고 싶은 분.
오리지널 패턴을 만들고 싶은 분에게 필요한 정보가 담긴 책입니다. 잡지 연재 시 다루지 않은 새로운 내용도 가득합니다.
권말 특별 부록으로 인기 DD, MDD 시리즈(SS~L 가슴)를 시작으로 오비츠11부터 SD16까지, 30가지 인형 '패턴'을 실제 크기로 게재했습니다!
패턴 만들기가 잘 안될 때는 이 책을 보면 답을 찾을 수 있을 겁니다.

◇ 당신은 언제나 옳습니다. 그대의 삶을 응원합니다. — 라의눈 출판그룹

Dollybird 돌리버드 _Tiny Dolls

초판 1쇄 | 2017년 8월 25일

옮긴이 | 안나진

펴낸이 | 설응도
펴낸곳 | 라의눈

편집주간 | 안은주
편집장 | 최현숙
편집팀장 | 김동훈
편집 | 고은희
영업·마케팅 | 나길훈
경영지원 | 설효섭

디자인 | 기민주
종이 | 한솔 PNS
인쇄 | 애드그린

출판등록 | 2014년 1월 13일 (제 2014-000011호)
주소 | 서울시 서초구 서초중앙로 29길 26(반포동) 낙강빌딩 2층
전화번호 | 02-466-1283
팩스번호 | 02-466-1301
e-mail | 편집 editor@eyeofra.co.kr 마케팅 marketing@eyeofra.co.kr
경영지원 management@eyeofra.co.kr

ISBN 979-11-86039-86-1 13630

이 책의 저작권은 저자와 출판사에 있습니다.
서면에 의한 저자와 출판사의 허락 없이 책의 전부 또는 일부 내용을 사용할 수 없습니다.

* 잘못 만들어진 책은 구입처에서 교환해드립니다.
* 책값은 뒤표지에 있습니다.

Dollybird Vol. 22 © HOBBY JAPAN
All rights reserved.
Original Japanese edition published by HOBBY JAPAN CO.,Ltd
Korean edition copyright © 2017 by Eye of Ra Publishing Co.,Ltd
This Korean edition is published by arrangement with HOBBY JAPAN CO.,Ltd., through
AMO AGENCY, Seoul, Korea.

이 책의 한국어판 저작권은 AMO에이전시를 통해 저작권자와 독점 계약한 라의눈에 있습니다.
저작권법에 의해 한국 내에서 보호를 받는 저작물이므로 무단 전재와 무단 복제를 금합니다.

Dollybird vol.22
STAFF

— *Designer* —
오사와 토시에

— *Photographer* —
카츠 타카노리
타마이 히사요시
이가라시 모미지

— *Pattern Work* —
큐스케 유카리

— *Editor* —
스즈키 요코

See You!